Steve Biddulph

Weitere Geheimnisse
glücklicher Kinder

Steve Biddulph

Weitere Geheimnisse glücklicher Kinder

Illustrationen von Paul Stanish

Die Deutsche Bibliothek – Cip-Einheitsaufnahme

Biddulph, Steve:
Weitere Geheimnisse glücklicher Kinder / Steve Biddulph, in Zusammenarbeit mit Shaaron Biddulph. Ill. von Paul Stanish. - [Übers. aus dem Engl.: Astrid von Soosten]. - 3. Aufl. - München : Beust, 1998.
 (Kids world)
 Einheitssacht.: More secrets of happy children <dt.>
 ISBN 3-89530-020-9

3. Auflage, 26. – 45. Tausend, Juli 1999

ILLUSTRATIONEN: Paul Stanish
ÜBERSETZUNG: Astrid v. Soosten für GAIA Text, München
LEKTORAT: Michael Venhoff und Veronika Haderlein für GAIA Text, München
LAYOUTDESIGN, SATZ UND PRODUKTION: GAIA Text, München
UMSCHLAGDESIGN: Markus Härle für GAIA Text, München
DRUCK: Offizin Andersen Nexö, Leipzig

ISBN 3-89530-020-9

Printed in Germany

Inhalt

Einleitung

Danksagung

Unser Dank gilt zunächst Joachim Beust, der sich tatkräftig dafür einsetzt, unsere Bücher den europäischen Eltern nahezubringen. Besonderer Dank gebührt auch der Übersetzerin Astrid von Soosten sowie den Lektoren Michael Venhoff und Veronika Haderlein für die wunderbare und einfühlsame Text-Übertragung. Hedy Wright half mir bei der Redaktion der deutschen Übersetzung hier in Australien. Dank auch an Carolyn Leslie für ihre Anteilnahme und an Paul Stanish für die Umsetzung unserer Cartoon-Ideen.

Den größten Dank schulde ich meiner Frau Shaaron Biddulph, die ihre große Erfahrung mit Kindern in meine Arbeit einbringt und ausgleichend auf meine manchmal allzu männlich bestimmte Sichtweise wirkt. Shaaron steuerte die Inhalte bei für die Passagen über den Schaden, der durch Fremdbetreuung entstehen kann, und für den Abschnitt »Unser Zuhause ist eine ohrfeigenfreie Zone«. Sie verfeinerte die Begrifflichkeiten von »Stillstehen und nachdenken« und »Das Problem lösen« im Hinblick auf kleine Kinder und hat diese Methode mit Hunderten von Elternpaaren eingeübt. Bei dem Lernprozeß, den wir mit unserem Sohn und unserer Tochter zurückgelegt haben, erhielten wir – wie jede Familie – Hilfe von vielen anderen Menschen.

Für die freundliche Genehmigung zur Verwendung von Textpassagen bedanken wir uns bei: ITA Magazine für den Text von Kirsti Cockburn; Boxtree Limited für Bob Mullens *Are Mothers really necessary;* Rosie Lever von The Child Care Connection für den Text aus *Such Sweet Sorrow;* Christopher Green für den Text aus *Toddler Taming;* Readers Digest Magazine für Karl Zinmeisters *Hard Truths About Day Care.* Ferner gilt mein Dank dem Australian Institute of Family Studies für seine Arbeit im allgemeinen und Gay Ochiltree im besonderen für ihr Buch *Children in Australian Families* sowie Mary Burbridge für die Erlaubnis, ihren Artikel *My Daughter, My Forever Baby* in ganzer Länge abzudrucken; Dank an *Age,* Melbourne, für die Erlaubnis, einen Auszug aus dem Artikel über Elternbezahlung zu verwenden; *Mercury,* Hobart, für die Erlaubnis, das Benjamin-Spock-Zitat und die Materialien für berufstätige Mütter wiederzugeben, und dem Institute for Early Childhood Development in Melbourne für die Unterstützung durch seine Forschungseinrichtungen.

Experten können für Ihr Familienglück eine echte Gefahr bedeuten.

Sie haben Glück! Dieses ist ein »Nicht-Experten-Buch«!

Nehmen Sie es so, wie es gemeint ist: als Sammlung gutgemeinter Vorschläge und Anregungen für Ihren gesunden Menschenverstand.

Verlassen Sie sich auf Ihre innere Stimme!

Einleitung

Lieber Leserinnen und Leser,

es liegt bald fünfzehn Jahre zurück, daß ich meinen ersten Elternratgeber, *Das Geheimnis glücklicher Kinder*, schrieb. Die Reaktionen auf dieses Buch (das ich 1993 überarbeitete) haben mein Leben sehr verändert. Wann immer Shaaron und ich heutzutage unterwegs sind und unsere Vorträge halten, kommt es uns vor, als ob das Publikum aus lauter alten Bekannten bestünde. Das Vertrauen, das die Menschen in uns setzen, erfüllt uns mit großem Stolz, macht uns aber auch ein bißchen bange. Daß die Menschen allerorts jedoch soviel Fürsorge für ihre Kinder zeigen, ist eine ständige Quelle der Inspiration für uns.

Das Elterndasein ist ein weites Feld. Gelegentlich kann es einen glücklicher machen als alles andere im Leben, aber bisweilen entsteht auch das Gefühl, daß die eigene Seele mit Füßen getreten wird. Lassen Sie sich von niemandem einreden, daß das Elternsein einfach ist.

In den Regalen der Buchläden drängen sich heutzutage Dutzende von Elternratgebern, die alle die gleiche Wirkung auf mich haben – sie verursachen mir Kopfschmerzen. Sie verkünden so viele logische und positive Botschaften und sind vollgestopft mit flotten Ratschlägen und langen Listen darüber, was man tun muß, oft nach dem Muster: »Selbstbewußte Kinder in vier Schritten!« Ich bin inzwischen Mitte vierzig und ich habe auch am eigenen Leib erfahren, daß es für das wirkliche Leben keine Patentrezepte gibt.

Andererseits gibt es viele Familien, die Hilfe brauchen und ein echtes Bedürfnis nach Antworten haben. Wo hat dieses Buch nun seinen Platz? Es ist tiefgründiger als *Das Geheimnis glücklicher Kinder*. Es ist auch differenzierter, denn es basiert auf der Arbeit mit vielen Tausenden von Eltern, die uns den Weg gewiesen haben. Die Vorstellungen von *Sanfter Lie-*

be und *Standfester Liebe*, von denen dieses Buch handelt, sind kraftvolle Werkzeuge. Sie können ein ganzes Familienleben ändern und auf eine neue, feste Grundlage stellen. Sie sind auf das eigentliche Ziel allen Elterndaseins gerichtet, nämlich darauf, junge Erwachsene mit Herz und Rückgrat ins Leben zu entlassen.

Dieses Buch birgt aber auch zwei große Herausforderungen für Mütter und Väter in sich:

1   auf Gewalt bei der Erziehung ebenso zu verzichten wie auf disziplinarische Maßnahmen, die auf der Einflößung von Angst beruhen;

2   die Betreuung der eigenen Kinder selbst in die Hand zu nehmen und sie nicht anderen zu überlassen.

Die Kindererziehung schickt Sie auf eine innere Entdeckungsreise, eine Reise, die sich lohnt, die aber nicht ganz einfach ist und von Fall zu Fall unterschiedlich ausfällt. Deshalb werden Sie in diesem Buch keine schnellen Antworten finden, aber hoffentlich einige hilfreiche Anregungen dafür, wie Sie Ihren eigenen Weg im Umgang mit Ihren Kindern gestalten können.

Mit unseren besten Grüßen an Ihre Familie,

Ihr Steve Biddulph

P.S.: Die Wombats, die ich in *Das Geheimnis glücklicher Kinder* erwähnte, sind übrigens erwachsen geworden und hinaus ins Leben gezogen!

Ihre Kinder sind die Erwachsenen von morgen!

Kinder sind ein wunderbares Geschenk

Kapitel 1

Stellen Sie sich vor: Sie sitzen auf Ihrer Veranda und genießen die letzten warmen Strahlen der Herbstsonne. Vor Ihnen liegen Gärten und eine von bunten Blättern bedeckte Auffahrt. Kein Laut ist zu hören, nur das Singen der Vögel. Sie zählen zwar nicht mehr zu den Jüngsten, aber Sie sind immer noch rüstig und vital.

Ein Auto rollt heran, fast geräuschlos, die Türen öffnen sich, und junge Leute steigen aus. Es sind Ihre erwachsenen Kinder, die Sie freudig umarmen und sich zu Ihnen setzen, um Ihnen von ihren jüngsten Erlebnissen und Errungenschaften und von ihren Familien zu erzählen. In vertrauter Runde wird noch mancherlei besprochen, bis es Zeit ist, aufzubrechen.

Sie kehren ins Haus zurück, um einen warmen Pullover überzuziehen, und sitzen noch lange am Fenster, versunken in Erinnerungen an die Zeit, als Ihre Kinder noch klein waren. Es erfüllt Sie mit tiefem Stolz, zu sehen, was aus ihnen geworden ist und was Sie der Welt gegeben haben.

Kinder als Geschenk begreifen

Will man den Medien Glauben schenken, so handelt man sich mit Kindern nur Probleme ein, seien sie nun erzieherischer, betreuerischer oder gesundheitlicher Natur.

Das ist eine furchtbare Fehldeutung, denn in Wahrheit sind Kinder ein wunderbares Geschenk. Tief in unserem Inneren wissen wir das auch, aber manchmal vergessen wir es. Paare, die darum kämpfen, ein Baby zu bekommen (eines von fünf Paaren hat Schwierigkeiten, ein Kind zu bekommen), wissen, welch ein Geschenk Kinder sind. Ebenso ist das Eltern bewußt, deren Kinder krank sind oder verletzt wurden. Erst, wenn unsere Kinder in Gefahr geraten, begreifen wir übrigen, wieviel sie uns bedeuten und wie wenig alles andere zählt.

Die Kindererziehung birgt echte Herausforderungen. In diesem Buch werden wir uns mit einer Reihe von ihnen befassen.

Sie sollten sich jedoch vor allem ins Bewußtsein rufen, welche ungeahnten Möglichkeiten in der Erziehung von Kindern schlummern: Sie legen heute die Fundamente eines neuen Lebens und formen einen jungen Menschen für die Zukunft. Sie werden geben und empfangen, und die Liebe und Bewunderung Ihrer Kinder, die allem mit Unvoreingenommenheit, echtem Interesse und Zutrauen begegnen, wird Ihr Leben unendlich bereichern.

Wir ziehen heute die Menschen des 21. Jahrhunderts groß – mit einigem Erfolg, sind doch die jungen Leute ihren Altersgenossen von vor 30 Jahren um Lichtjahre voraus (vergleichen Sie sich selbst im Alter von fünfzehn doch einmal mit einem Teenager von heute!).

Die Kindererziehung ist eine uralte Kunst. Um sie zu meistern, müssen Sie einerseits Ihre innersten Kraftreserven mobilisieren, andererseits aber auch Hilfe von außen in Anspruch nehmen. Geistige Beweglichkeit, immer neue Antworten zu finden, wird von Ihnen verlangt; ebenso die Fähigkeit, aus Fehlern zu lernen, ohne deshalb gleich Ihre innere Balance zu verlieren. Aber eine solche Form von Lernbereitschaft war es wohl auch, die Sie zu diesem Buch greifen ließ.

Sie lieben Ihre Kinder, Sie wollen Ihr Allerbestes geben und Sie sind lernbegierig – damit erfüllen Sie alle Voraussetzungen dafür, großartige Eltern zu sein.

Zwei Arten von Liebe

Seine Kinder zu lieben ist mehr als nur ein positives Gefühl, es ist eine Fähigkeit! Unter Familientherapeuten ist man sich einig, daß Eltern zwei zentrale Eigenschaften benötigen, die ich hier »Sanfte Liebe« und »Standfeste Liebe« nennen will. Beide müssen in ausreichender Menge in den Eltern freigesetzt werden, damit die Kinder bekommen, was sie brauchen. Auch Sie besitzen diese Fähigkeiten, und mit etwas Unterstützung werden Sie sie leicht entdecken und anwenden können.

Was heißt Sanfte Liebe ?

Sanfte Liebe ist die Fähigkeit, Kindern entspannt, mit Wärme und mit Zuneigung zu begegnen. Sie versetzt Sie in die Lage, Ihre Hirnmaschinerie abzuschalten, Ihren Instinkten zu folgen und sich von äußeren Zwängen zu befreien, damit Sie einfach für Ihr Kind »da« sein können. Wenn Sie sich entspannen und ganz Sie selbst sind, dann wird Ihre Zuneigung völlig natürlich zutage treten können. Setzen Sie sich nicht unter Druck, wenn Sie zur Sanften Liebe zu gelangen versuchen. Geben Sie vielmehr sich selbst Zeit und Raum, damit dieses Gefühl wachsen und sich entfalten kann. Wem in der Kindheit nicht mit Sensibilität begegnet wurde, wer selbst keine Sanfte Liebe erfahren hat, dem fällt es schwerer, sie in sich wiederzufinden.

Es ist naheliegend, daß Sie sich in der Gegenwart von Babys oder Kleinkindern nicht wohl fühlen, wenn Ihre eigenen Eltern Ihnen eher distanziert gegenüberstanden. Wenn Sie die Sanfte Liebe wiederentdeckt haben, wird sich in dieser Hinsicht vieles zum Besseren wenden. Kapitel 2 befaßt sich damit, wie Sie dies erreichen können.

Was heißt Standfeste Liebe?

Standfeste Liebe ist die Fähigkeit, freundlich, aber bestimmt zu sein, klare Regeln aufzustellen und einzuhalten, ohne ärgerlich zu werden oder aus Schwäche nachzugeben. Es ist die Eigenschaft, die gemeint ist, wenn man einer Person »Rückgrat« bescheinigt.

Viele Menschen haben Probleme mit der Liebe und denken, daß sie darin besteht, immer nachzugeben und aneinander zu kleben. Der Vater, der seiner fünfzehnjährigen Tochter wiederholt große Summen leiht, obwohl sie ständig »vergißt«, das Geld zurückzugeben, handelt nicht liebevoll, sondern nachlässig. Festigkeit bedeutet: »Ich habe dich zwar gern, mein Kind, aber du schuldest mir hundert Mark! Also kein Geld mehr, bis du deine Schulden beglichen hast!«

Standfeste Liebe bedeutet, in liebevoller Absicht stark zu sein; keinesfalls hat sie etwas mit Kälte oder Härte zu tun. Gute Eltern treten kleinen Kindern gegenüber oft bestimmt auf, gerade weil sie sie lieben. Zum Beispiel, wenn es um Sicherheit geht: »Ich habe dich lieb, deshalb lasse ich dich nicht allein auf die Straße laufen.«

Oder wenn es um Respekt gegenüber anderen geht: »In diesem Haus wird niemand geschlagen!«

Gute Eltern lassen ihren Kindern gegenüber Strenge walten, weil sie wissen, daß sie ihnen damit zu einem glücklicheren Leben verhelfen.

Das richtige Verhältnis finden

Es gibt keine Patentrezepte für die richtige Balance zwischen Sanfter Liebe und Standfester Liebe. Sie werden aus der jeweiligen Situation heraus immer wieder Ihre eigenen Antworten finden müssen.

Eltern, die freundlich, aber bestimmt sind, sagen Dinge wie »Nein, bei diesem naßkalten Wetter darfst du nicht draußen spielen, aber vielleicht finden wir in der Küche etwas Schönes für dich!«, weil sie einerseits um die Gesundheit ihres Kindes besorgt sind und weil sie andererseits verstehen, daß ihr Kind Beschäftigung und Aktivität braucht.

Sie sagen: »Du hast wohl Langeweile, komm', wir schauen mal, was du tun kannst!« und halten dennoch an ihrer Entscheidung fest: »Wenn es draußen so scheußlich ist, bleibst du im Haus.«

Probleme? – Zeit, die Balance wiederherzustellen!

Treten sogenannte »Probleme« auf, so ist das zumeist nur der Versuch Ihres Kindes, Ihnen zu sagen, daß etwas aus der Balance geraten ist, wie zum Beispiel bei dem kleinen Mädchen, das plötzlich über Bauchschmerzen klagt, weil seine Mutter zu sehr mit dem neuen Baby beschäftigt ist, oder dem kleinen Jungen, der Schwierigkeiten in der Schule hat, weil ihm die Aufmerksamkeit seines Vaters fehlt.

Manchmal müssen Sie, um Ihrem Kind helfen zu können, Ihre eigene Fähigkeit zur Sanften Liebe oder zur Standfesten Liebe erneuern. Vielleicht müssen Sie mehr von dieser Liebe geben, als Sie selbst jemals als Kind erfahren haben. Das liegt in der Natur des Elterndaseins! Es stellt uns immer wieder vor neue Zerreißproben und zwingt uns, über die eigenen Grenzen hinauszuwachsen.

Das ist gut so, aber dazu brauchen Eltern auch Hilfe und Ermutigung. Vor allem das wollen die folgenden Kapitel Ihnen sein. Sie werden dort von vielen tatsächlich geschehenen Begebenheiten lesen und sich vielleicht auf der Suche nach Antworten von ihnen inspirieren lassen.

Wie sieht Ihr ...

Viele Eltern wüßten gerne, wo sie selbst mit ihrem Erziehungsstil stehen und wo sie noch dazulernen müssen. Dieser einfache Fragebogen kann Ihnen helfen, besser zu verstehen, was Sanfte Liebe und Standfeste Liebe bedeuten, in

Fragen zur Sanften Liebe

1 Ich liebkose meine Kinder oft. Ich halte sie gern im Arm und sage ihnen, wie wunderbar sie sind.

Nein, trifft nicht   *Ja, das trifft*
auf mich zu   **1   2   3   4   5**   *auf mich zu*

2 Ich bin eine friedfertige Person. Ich habe keine Eile und kann Stunden mit meinen Kindern verbringen und es einfach nur genießen, daß wir alle zusammen sind.

Nein, trifft nicht   *Ja, das trifft*
auf mich zu   **1   2   3   4   5**   *auf mich zu*

Addieren Sie die Werte aus beiden Fragen und tragen Sie hier die Summe ein:

Sanfte Liebe

Tragen Sie die Werte in das Diagramm

... Erziehungsstil aus?

welchem Maße Sie sie bereits in Ihrem Umgang mit Ihrem Kind verwirklichen und wie Sie Ihr Elterndasein positiver gestalten können. Kreisen Sie in der jeweiligen Skala die Zahl ein, die Ihrer Antwort am ehesten entspricht.

Fragen zur Standfesten Liebe

1 Ich kann bestimmt und stark sein und Regeln aufstellen, die meine Kinder befolgen. Meine Kinder wissen, wann ich es ernst meine, und gehorchen dann fast immer.

Nein, trifft nicht auf mich zu   **1   2   3   4   5**   *Ja, das trifft auf mich zu*

2 Ich bin ruhig und liebevoll, und selbst wenn ich streng bin, bin ich selten böse. Unter keinen Umständen würde ich handgreiflich werden oder meine Kinder schlagen.

Nein, trifft nicht auf mich zu   **1   2   3   4   5**   *Ja, das trifft auf mich zu*

Addieren Sie die Werte aus beiden Fragen und tragen Sie hier die Summe ein:

Standfeste Liebe

auf den nächsten beiden Seiten ein.

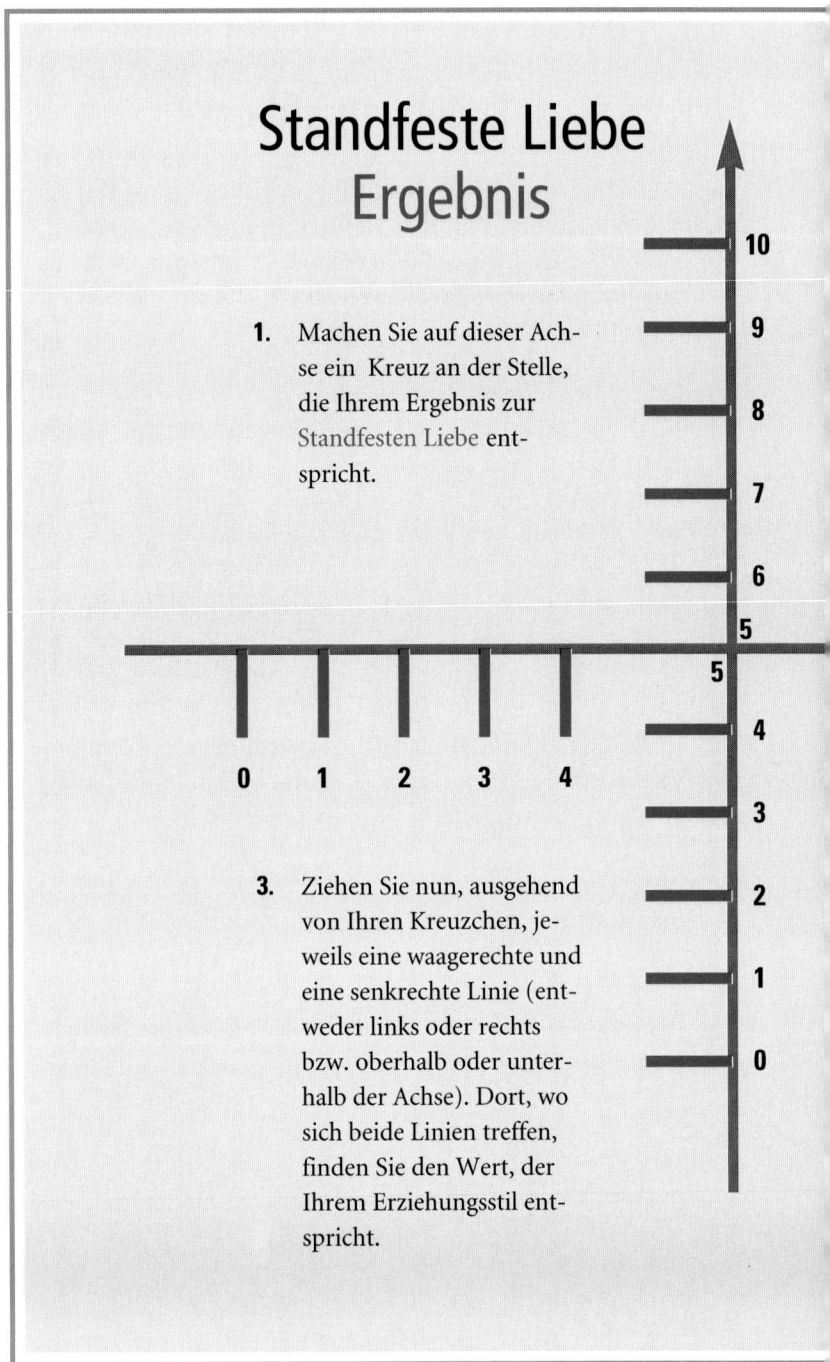

Standfeste Liebe
Ergebnis

1. Machen Sie auf dieser Achse ein Kreuz an der Stelle, die Ihrem Ergebnis zur Standfesten Liebe entspricht.

10

9

8

7

6

5

5

0   1   2   3   4

4

3

3. Ziehen Sie nun, ausgehend von Ihren Kreuzchen, jeweils eine waagerechte und eine senkrechte Linie (entweder links oder rechts bzw. oberhalb oder unterhalb der Achse). Dort, wo sich beide Linien treffen, finden Sie den Wert, der Ihrem Erziehungsstil entspricht.

2

1

0

2. Machen Sie auf dieser Achse ein Kreuz an der Stelle,
die Ihrem Ergebnis zur
Sanften Liebe entspricht.

Sanfte Liebe
Ergebnis

7   8   9   10

4. Auf den folgenden Seiten
finden Sie die Erläuterun-
gen zu Ihrem Ergebnis.

Wie Sie Ihr Ergebnis ...

Michael ist ein starker und ernster Mensch, der alles im Griff hat. Seine Mitmenschen sind ihm nicht gleichgültig, es bereitet ihm aber Schwierigkeiten, seine Gefühle zu zeigen. Er ist zurückhaltend und distanziert, und manchmal haben seine Kinder den Eindruck, daß sie nie gut genug für ihn sein können. Er hat selten Zeit, sich mit ihnen zu beschäftigen. (Seit einiger Zeit versucht er jedoch, sich zu ändern).

Fest, aber kalt

Arbeiten Sie an Ihrer Fähigkeit zur Sanften Liebe entsprechend den in Kapitel 2 beschriebenen Vorschlägen.

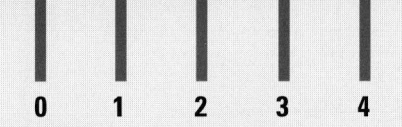

10
9
8
7
6
5
5
4
3
2
1
0

0   1   2   3   4

Cornelia ist sehr angespannt und distanziert. An einem Tag würde sie ihren Kindern selbst Mord und Totschlag durchgehen lassen, aber schon am nächsten Tag verliert sie vielleicht die Kontrolle und schlägt ihre Kinder. Und am dritten Tag wiederum bereut sie ihr Verhalten und wird wieder nachgiebig. (Mit der Hilfe guter Freunde und eines Therapeuten lernt sie im Moment, sich zu entspannen und sich selbst zu lieben, damit sie auch andere lieben kann.)

Kalt und nicht sehr fest

Arbeiten Sie Kapitel 2 und 3 durch. Wenden Sie sich an einen verantwortungsvollen Familientherapeuten, wenn Sie sich unsicher fühlen.

... interpretieren können

Petra ist warmherzig und liebevoll. Sie hat klare Vorstellungen von Disziplin und davon, wann und in welchem Maße sie nötig ist. Ihre Kinder wissen, daß sie sich an bestimmte Regeln halten müssen, und übernehmen auch Verantwortung. Aber sie fühlen sich sicher und geliebt. Alle Mitglieder dieser Familie haben Spaß miteinander, umarmen sich häufig und lachen viel.

Warmherzig und fest

Großartig!

Ich möchte mich bei allen Claudias, Michaels, Petras und Cornelias entschuldigen, die sich hier falsch charakterisiert finden. Alle Ähnlichkeiten mit lebenden oder verstorbenen Personen sind natürlich völlig unbeabsichtigt.

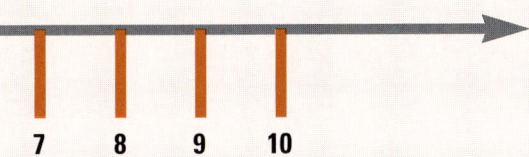

7   8   9   10

Claudia liebt ihre Kinder und verbringt viel Zeit mit ihnen, soviel, daß ihr keine Minute mehr für sich selbst bleibt. Die Kinder lassen ihr kaum Luft zum Atmen und verlangen immer noch mehr. Claudia ist am Ende ihrer Kräfte und wird der Situation trotz all ihrer Bemühungen nicht mehr Herr. (Sie besucht seit einiger Zeit eine Elternhilfegruppe und erfährt einiges über Festigkeit.)

Liebevoll, aber nicht sehr fest

Arbeiten Sie an Ihrer Fähigkeit zur Standfesten Liebe entsprechend den in Kapitel 3 beschriebenen Vorschlägen.

Sanfte Liebe

Finden Sie den Weg zum Herzen Ihres Kindes

Alle Eltern lieben ihre Kinder. Die entscheidende Frage ist nur: Erreichen sie ihre Kinder mit ihrer Liebe?

Kapitel 2

Es dämmert, Stille legt sich über den See, nur in der Ferne ist noch ein einsamer Vogel zu hören. In einem Häuschen am Wasser lieben sich ein Mann und eine Frau. Sie haben keine Eile und lassen sich Zeit, genießen die Vorfreude und das allmähliche Abfallen der Spannungen und Sorgen des Alltags.

Sie lernen sich erneut kennen, obwohl sie schon seit Jahren ein Paar sind. Allmählich steigert sich die Leidenschaft, ihr Lachen verbindet sich mit seinem Mannesdrang und findet schließlich freudige Erfüllung. Später ruhen sich die beiden aus und schmiegen sich schläfrig aneinander.

Im Körper der Frau macht sich ein Spermium auf den Weg zu einem mondförmigen, empfängniswilligen Ei, und ein neues Leben beginnt.

Das Leben in sich lieben

Wie sind Sie zu Eltern geworden? Durch eine Schwangerschaft natürlich!

War sie auch gewollt? Wer weiß! – Ihr Körper jedenfalls war dafür bereit! Für Ihren Verstand jedoch kann die Nachricht von der Schwangerschaft auch ein Schock sein. Selbst eine minutiös geplante Schwangerschaft kann dieses Gefühl auslösen, ganz zu schweigen von einer völlig »zufälligen« Schwangerschaft. Und wenn man dann den Teststreifen in der Hand hält, kann einem schon ein »Oh nein, worauf hab' ich mich da eingelassen!« durch den Kopf schießen.

Eine Schwangerschaft stellt Sie vor die Wahl. Sie können das neue Leben in Ihnen mit Liebe annehmen oder sich ihm aus Angst verschließen. Wenn Ihr Baby im Körper heranwächst, wenn es zur Welt gekommen ist und wenn es sich zu einem jungen Erwachsenen entwickelt – immer wieder werden Sie sich entscheiden müssen, ob Sie hartherzig und distanziert reagieren oder ob Sie sich öffnen und Ihrem Kind mit dem begegnen wollen, was wir in diesem Buch Sanfte Liebe nennen.

Sanfte Liebe, die Bereitschaft zu Zärtlichkeit, Großzügigkeit und Wärme, ist jedem Menschen mitgegeben. Sie kann in Ihnen leuchten wie ein ständiges Licht oder leise vor sich hin glimmen wie ein Span, der noch darauf wartet, entfacht zu werden.

Alle frischgebackenen Eltern tragen dieses Fünkchen in sich. Wissenschaftler haben festgestellt, daß Väter, die bei der Geburt ihres Kindes dabei waren oder ganz früh an seiner Pflege beteiligt wurden, geradezu in Sanfter Liebe »schwimmen«. Sie wollen gerne viel Zeit mit ihrem Baby verbringen und auch in der Lage sein, es zu versorgen. Und das selbst dann, wenn sie nicht der leibliche Vater des Kindes sind. Was zählt, ist einzig und allein, daß man von Anfang an dabei gewesen ist.

Durch den Körperkontakt zwischen Mutter und Kind beim Stillen und Schlafen wird im Körper der Mutter die

Einige Worte zum Thema Stillen

Muttermilch enthält nachweislich eine große Anzahl von Antikörpern und Nährstoffen und ist daher jeder anderen Art von Milch vorzuziehen. Manchmal kann eine Mutter aus medizinischen Gründen nicht stillen. Unter solchen Umständen sollte sie dafür sorgen, daß beim Füttern des Fläschchens die Intimität zwischen Mutter und Kind gewahrt bleibt. Sie sollte Haut- und Augenkontakt mit ihrem Baby herstellen und versuchen, sich zu entspannen.

Stillen ist eine Kunst, und manchmal brauchen junge Mütter Unterstützung, um sie zu erlernen. Dabei gibt es ein paar simple Tricks, die Wunder wirken können. Wenden Sie sich an eine Stillgruppe oder Hebammenvereinigung. Dort wird man Ihnen gerne weiterhelfen.

Produktion starker Hormone in Gang gesetzt und der Mut-
terinstinkt geweckt. Diese sogenannten Prolaktine bewirken, daß die Mutter sich entspannt und in der Gegenwart ihres Säuglings tiefe Befriedigung empfindet.

Gleichzeitig versetzen sie den Körper der Mutter in einen
Zustand von Wachsamkeit und gesteigertem Bewußtsein.
Prolaktine sind immer dann am Werk, wenn Sie sich dabei
ertappen, daß Sie wie eine Henne glucken oder instinktiv et-
was Kleines, Unschuldiges – zum Beispiel einen kleinen
Hund – streicheln wollen.

Die Liebe zu unseren Kindern ist uns also mitgegeben und
wartet nur darauf, geweckt zu werden. Manchmal geht das
von ganz allein, manchmal muß man ein wenig nachhelfen.

Haben Sie als Kind zu lieben gelernt?

Wenn Ihnen als Baby und Kind selbst wenig Liebe zuteil
wurde, so kann dies das größte Hindernis für die Entfaltung
Ihrer eigenen Gefühle sein. Vielleicht haben Sie nämlich einfach nicht gelernt zu lieben. Aber es ist nie zu spät!

Auch wenn es in der Generation unserer Eltern nicht üblich war, Gefühle zu zeigen oder auszusprechen, so bedeutet
das nicht, daß sie ihren Kindern weniger zugetan waren.
Dennoch haben viele Eltern unserer Zeit als Babys und
Kleinkinder wenig Zuneigung erfahren. In den »unterkühl-
ten« 50er-Jahren wurden Zärtlichkeiten und Zuneigung als
überflüssige »Verwöhnung« angesehen. Bei Geburt und Ba-
bypflege handelte man nach rein medizinischen Gesichtspunkten. Man riet den Eltern, ihr Kind schreien zu lassen und es
nur zu festgelegten Zeiten zu füttern. Man redete ihnen ein,
daß zu häufiges Auf-den-Arm-Nehmen sich nachteilig auf
das Kind auswirken könnte. Selbst heute gibt es noch Ratge-
berautoren und Kinderärzte, die solche Theorien verbreiten!

In einem Artikel in der Zeitschrift *Mothering* vertritt Jean
Liedloff die These, daß es zwei Grundempfindungen gibt,
die alle Menschen brauchen. Es ist das Gefühl, »willkom-

26

men« und »wertvoll« zu sein. Und gerade diese beiden Dinge waren es, die in den Familien der 50er- und 60er-Jahre vernachlässigt wurden. Die Eltern dieser Zeit beherrschten die praktische Seite der Kinderpflege recht gut, sie ernährten und kleideten uns sorgfältig und achteten auf unsere Gesundheit. Da es jedoch zu den Erziehungsmethoden der Zeit gehörte, an die Scham- und Schuldgefühle des Kindes zu appellieren, fiel es ihnen schwer, ihrem Kind zugleich Wärme und Nähe zu vermitteln. So konnte das Kind leicht zu dem Eindruck gelangen, unerwünscht und wertlos zu sein.

Einer unserer Klienten erzählte uns einmal, daß er als Teenager und junger Erwachsener häufig das Bedürfnis verspürte, freundliche ältere Leute aufzusuchen. Sie gaben ihm das Gefühl, willkommen zu sein, ein Gefühl, dem er sich ausgiebig hingab. Sie zeigten Interesse an seiner Person und schenkten ihm ein Lächeln. Durch diese Ersatzhandlung gelang es ihm, allmählich seine Defizite abzubauen. Er stellte fest, daß die Menschen seine Gegenwart schätzten, an seiner Meinung interessiert waren und ihm von ihren Sorgen erzählten – das vermittelte ihm mehr Selbstwertgefühl. Das Ergebnis dieser Erfahrungen war, daß er den Beruf eines Psychologen ergriff!

Oder die Geschichte einer alten Freundin: Sie berichtete, daß sie als kleines Mädchen jede Nacht bis Mitternacht wach lag. Wenn die anderen schliefen, schaltete sie das Radio ein, um der freundlichen, tiefen Stimme des Moderators im Nachtprogramm zu lauschen. Wenn er gute Nacht gewünscht hatte, konnte auch sie beruhigt einschlafen.

Aber es hatte auch Vorzüge, damals ein Kind zu sein. Die Familien waren für gewöhnlich kinderreich und lebten nahe bei ihren Verwandten. Immer gab es ein paar ältere Geschwister, Cousinen und Cousins, Tanten oder Großmütter, die zu Besuch waren oder mithalfen. Bevor man selbst Vater oder Mutter wurde, hatte man sich schon Übung im Um-

Wie die innere Heilung einer Mutter dem Sohn half

Die Beziehung der 38jährigen Anna zu ihrem Sohn war äußerst problematisch. Er litt an Depressionen und war selbstmordgefährdet. Wir begannen ein Gespräch darüber, wie sie miteinander umgingen. Es stellte sich heraus, daß jedes Gespräch, das sie führten, damit endete, daß Anna ihren Sohn kritisierte.

Innerlich machte sie sich Sorgen, aber nach außen wahrte sie ihre kühle Fassade und war dabei selbst zutiefst unglücklich. Nachdem sie zu mir Vertrauen gefaßt hatte, eröffnete sie mir, daß sie ihren Sohn fast nie mit Zuneigung umarmte oder berührte, sondern daß schon der Gedanke daran ihr Unbehagen bereitete.

Daß emotionale Kälte seitens der Mutter einen pubertierenden Jungen an den Rand des Selbstmords führen kann, ist bekannt, vor allem dann, wenn auch der Vater nicht in Reichweite ist. Wir erklärten also Nähe zu unserem ersten Ziel. Nach vielen aufmunternden Gesprächen begann Anna, mehr aus sich herauszugehen. Wenn sie ihrem Sohn das Essen brachte, legte sie schon einmal die Hand auf seine Schulter, oder sie machte ihm ein Kompliment über seine Frisur oder seine Kleidung. Nach ein paar Wochen schaffte sie es, ihn morgens mit einer kurzen Umarmung zur Schule zu schicken.

Es fiel Anna schwer, all dies zu tun, aber sie hielt hartnäckig daran fest. Eines Tages erzählte jemand in einem Selbsterfahrungskurs, den sie besuchte, von seiner traurigen Kindheit. Plötzlich bekam sie eine Gänsehaut und begann zu zittern. Schließlich mußte sie laut weinen. Erinnerungen an ihren Vater, der sie sexuell bedrängt hatte, als sie etwa vier Jahre alt war, brachen in ihr auf. (Gott sei Dank hatte sich ihre Mutter kurze Zeit später von diesem Mann getrennt.)

Anna hatte die Erinnerungen an diese Ereignisse nicht verloren, ihnen aber keine Bedeutung beigemessen. Aber genau darin lag jedoch die Erklärung dafür, warum Berührung und Zärtlichkeit ihr unangenehm waren.

Durch die Gespräche in der Gruppe lernte Anna sehr bald, die Anteilnahme anderer zuzulassen und mehr aus sich herauszugehen. Diese Fähigkeiten hatte sie eigentlich auch schon vorher, sie mußten aber ein Dasein im Verborgenen fristen, weil das Urvertrauen eines vierjährigen Mädchens von ihrem eigenen Vater mißbraucht worden war. Annas Initiative erwies sich als Riesenerfolg, und am Ende war Sohn und Mutter geholfen.

gang mit Kindern erwerben können. (Heutzutage hat ein Viertel aller jungen Eltern vor ihrem eigenen noch nie ein Baby auf dem Arm gehalten. Kein Wunder also, daß sie zunächst unsicher reagieren.)

Damit Ihr Elternsein nicht zu einer einzigen, enormen Anstrengung wird, müssen Sie sich Unterstützung und Liebe von anderen holen. Lernen Sie zuerst, Liebe zu empfangen, denn erst dann können Sie Liebe an Ihr Kind weitergeben. Je früher Sie damit beginnen, desto besser!

Die Forschung hat herausgefunden, daß die Gegenwart eines liebevollen und besorgten Partners der Mutter bei der Geburt eines Kindes hilft und die Anzahl von Kaiserschnitten oder Epiduralanästhesien (und somit auch Zangengeburten) drastisch reduziert.

Emotionale Zuwendung, in diesem Fall für die Mutter, hat also reale physische Auswirkungen.

Liebe ist eine wirkliche, greifbare Substanz, und je mehr davon vorhanden ist, desto schöner ist das Ergebnis. Ist das Baby erst geboren, ist vor allem tätige Liebe gefragt: Massagen oder ein paar besondere Leckerbissen für die Mutter, Zeit und Fürsorge wie auch etwas Schutz vor heranstürmenden Verwandten und Freunden.

All diese verschiedenen Formen der Zuwendung werden Ihnen helfen, Ihre eigene Liebesfähigkeit zu entdecken und zu entwickeln.

Kurzgefaßt heißt das: Wenn Sie selbst eine behütete und liebevolle Kindheit erlebt haben, werden Sie ebenso mit Ihren Kindern umgehen. Aber selbst wenn Sie eine wenig liebevolle Kindheit erlebt haben – und das trifft wohl auf viele von uns zu –, können Sie den Dingen noch eine gute Wendung zum Wohle Ihrer Kinder geben.

Die Kraft der Berührung

Hat es Sie beim Lesen der Geschichte von Anna und ihrem Sohn erstaunt, daß Berührungen und Zuneigung wirklich über Leben und Tod entscheiden können? Können Zärtlichkeiten so bedeutsam sein?

Von außen betrachtet würde man nicht vermuten, daß Teenagern so viel an der Zuneigung ihrer Eltern liegt.

Aber auch Teenager waren einmal Babys, und wenn sie damals nicht geherzt und gedrückt wurden, dann hatte das möglicherweise Konsequenzen, die bis ins Erwachsenenalter hineinreichen werden. Die Folgen mangelnder Zuwendung kann man also nicht ernst genug nehmen. Tatsächlich ist es so, daß ein Baby, das an einem Mangel an Zärtlichkeit leidet, buchstäblich aus Einsamkeit sterben kann.

Zärtliche Berührungen setzen die Produktion von Wachstumshormonen in Gang, und ein Baby, dem durch Zärtlichkeit Sicherheit vermittelt wird, kann sich auf das Wachsen konzentrieren. Es ist, als habe sich das Baby für das Leben entschieden, sobald es einmal merkt, wie lebenswert die Welt sein kann. Und das läßt sich sogar medizinisch nachweisen: Zärtlichkeiten stimulieren das Immunsystem und bewirken einen deutlichen Anstieg des Hämoglobinspiegels.

Körperberührungen sind also ein »lebenswichtiges Vitamin« für den Menschen, ja sogar für alle Säugetiere. Eine neuere Untersuchung hat ergeben, daß Frühchen, die oft Wochen in Wärmebettchen verbringen müssen, deutlich schneller zunehmen, wenn sie regelmäßig von der Mutter (oder einer anderen Person) zart gestreichelt werden. Babys ohne diese Zuwendung legen im gleichen Zeitraum nur ein Viertel des Vergleichsgewichts zu und können erst Wochen später entlassen werden.

Suchen Sie immer neue Wege, Zärtlichkeit zu geben

Es gibt viele Möglichkeiten, kleinen Kindern Zuneigung zu zeigen: Sie können Ihr Kind streicheln, massieren, ihm über das Haar streichen oder es kämmen, Sie können es in den Armen wiegen oder auf den Schoß nehmen, Sie können es kitzeln, schaukeln oder in die Luft werfen. Alle diese Gesten drücken das Gleiche aus: »Wir haben dich lieb, wir freuen uns, daß du da bist, und wir schätzen dich.«

Ältere Kinder durchlaufen manchmal Phasen, in denen sie Berührungen ablehnen. Sie wollen damit Unabhängigkeit demonstrieren. Aber selbst Sechzehnjährige suchen hie und da noch Schutz in einer elterlichen Umarmung, und – wie uns eine teenagergeprüfte Mutter bestätigte – wir tun gut daran, die Arme weiterhin offen zu halten.

Wenn man kontinuierlich Zuneigung zeigt, lernt ein Kind zu vertrauen, und frühkindliche Entbehrungen und Mängel können geheilt werden. Auch Adoptivkinder können die schwierige erste Zeit besser bewältigen, wenn man ihnen genügend Zeit und Fürsorge widmet. Ich habe mit vielen Erwachsenen daran gearbeitet, die schlechten Erfahrungen ihrer Kindheit zu bewältigen, und vielen von ihnen ist dies auch gelungen. Aber ist es nicht viel besser, es gleich richtig zu machen?

Die Kraft des Lobes

Wenn Kinder älter werden, haben wir noch mehr Möglichkeiten, ihnen unsere Liebe mitzuteilen. Am einfachsten geht es mit Worten. Wir prägen ihre Persönlichkeit, indem wir sagen: »Du bist wunderbar, mit dir kann man Spaß haben, und es ist schön, daß du da bist«. Kinder, die zu hören bekommen, daß sie ihren Eltern Freude machen, werden das auch tun.

Wir müssen Kindern zweierlei Arten von Lob vermitteln. Die erste ist das bedingungslose Lob. Dabei geben wir dem Kind zu verstehen: »Ich habe dich lieb, weil du so bist, wie du bist«. Diese Liebe muß das Kind sich nicht verdienen und es kann sie auch niemals verlieren. Stellen Sie sich nur vor, was für ein herrliches Gefühl es sein muß, ohne Einschränkung geliebt zu werden, nur weil man da ist.

Die zweite ist das bedingte Lob. Dabei teilen wir dem Kind mit: »Es ist toll, was du tust, und es gefällt uns«. Wir könnten beispielsweise sagen: »Es war schön, wie du dich um deine kleine Schwester gekümmert hast, als das Telefon klingelte.« Oder: »Was für schöne Bilder du gemalt hast!« Oder: »Du singst sehr schön« und so fort.

Es ist auch in Ordnung, wenn Sie Ihre Kinder wissen lassen, was Ihnen nicht so gut gefällt, solange Sie sie nicht beschimpfen. »Du hast deine Kleider aber nicht schön aufgeräumt, hier liegen immer noch acht T-Shirts und siebzehn

Socken herum!« ist besser als «He, du Faulpelz, räum' Deine Sachen endlich auf!»

Manchmal müssen Eltern erst lernen, positive Dinge überhaupt zu erkennen. Unsere Wahrnehmung ist ein kraftvolles Instrument, denn es beeinflußt Kinder ungemein, worauf wir unsere Aufmerksamkeit lenken. Einer meiner Lehrer hat es folgendermaßen ausgedrückt: »Sie bekommen immer das, was Sie selbst heraufbeschwören.« In manchen Familien richten die Eltern ihr Augenmerk ausschließlich auf Krankheiten und müssen sich ständig mit kranken Kindern herumplagen. Andere jammern unablässig, weil sie es allen recht machen wollen, mit dem Erfolg, daß ihre Kinder stän-

Charaktereigenschaft der Woche

Hier ist eine kleine Übung für Sie und Ihre Kinder.

1   Wählen Sie drei Charaktereigenschaften, die Ihnen besonders am Herzen liegen. (Welche – sei es Höflichkeit, Geduld, Sanftmut, Beständigkeit, Kooperation, Kreativität oder Selbständigkeit –, bleibt Ihnen überlassen).

2   Erklären Sie eine dieser Eigenschaften zum Übungsziel der Woche.

3   Notieren Sie es jedes Mal, wenn Ihre Kinder diese Eigenschaft zeigen. Kommentieren Sie es manchmal und nehmen Sie es ansonsten zur Kenntnis. Verzichten Sie auf negative Bemerkungen. Sie können sicher sein, daß diese Eigenschaft bei Ihren Kindern gegen Ende der Woche deutlich stärker ausgeprägt ist. Gehen Sie dann zur nächsten Charaktereigenschaft über. Sie können die Wahl auch Ihren Kindern überlassen und während der Woche gemeinsam darauf achten.

Äußern Sie sich auch jetzt nur im Positiven und ignorieren Sie Ausrutscher.

dig schlecht gelaunt sind. Wenn Sie nur das Negative suchen und zum Gesprächsgegenstand machen (wofür manche Väter eine ausgesprochene Vorliebe zu hegen scheinen), so wird Negatives die Folge sein.

Sie können sich statt dessen aber auch auf viel erfreulichere Dinge konzentrieren. Wenn Sie Ihrem Kind zu verstehen geben, daß Sie seine Bemühungen wahrnehmen, und sie auch kommentieren, dann tun Sie genau das Richtige; so wird das Positive schließlich überwiegen.

Zeit

Es gibt eine unabdingbare Voraussetzung für eine von Sanfter Liebe geprägte Beziehung zu Ihrem Kind: Zeit. Sie müssen für Ihr Kind gegenwärtig und so oft wie möglich ansprechbar sein, und das geht nur, wenn Sie genügend Zeit für Ihr Kind haben.

Sie können Ihrem Kind hundertmal sagen, wie sehr Sie es lieben; wenn Sie nie Zeit für Ihr Kind haben, werden Ihre

Worte sich als Lügen entpuppen. Bei Kindern zählen Taten und nicht Worte.

Ein besonderer Fall sind dabei leider oft die Väter: Häufig verlassen sie morgens um halb acht das Haus und kommen abends um halb acht oder später wieder heim. Wahrscheinlich sind sie keine besonders guten Väter, und wenn, nur um den Preis übermenschlicher Anstrengungen am Wochenende.

Daran sind meistens noch nicht einmal die Väter selbst schuld. Leider wird am Arbeitsplatz wenig Rücksicht auf die Bedürfnisse einer Familie genommen. Wenn also Eltern in der Steinzeit ihre Kinder vor Tigern oder Mammuts schützen mußten, so müssen wir im Computerzeitalter vielleicht hier und da unsere Chefs verscheuchen – und das ist kein minder gefährliches Unternehmen!

Aber auch Mütter lassen sich nur allzu leicht irreführen und glauben, den Bedürfnissen ihres Kindes zu genügen, wenn sie sich zu genau festgelegten Zeiten mit ihm beschäftigen. (Zu meiner Schande muß ich gestehen, daß ich dies in früheren Arbeiten selbst empfohlen habe!)

Man kann aber nicht auf Befehl, nach Plan und pünktlich Kinderstunde halten. Menschliche Beziehungen sind eine höchst sensible Angelegenheit. Was Kinder fühlen, wenn ihre Eltern so mit ihnen verfahren, kann eine Frau nachvollziehen, deren Ehemann, nachdem er sie den ganzen Abend ignoriert hat, um halb elf plötzlich die Zeitung zur Seite legt oder den Fernseher abschaltet, um sich ihr mit amourösen Absichten zuzuwenden.

Natürlich muß es auch Zeiten geben, die für bestimmte Tätigkeiten reserviert sind, und sei es nur für ein gemeinsames Frühstück oder Abendessen. Auf diese Weise können alle Familienmitglieder zwanglos zusammenfinden, sich austauschen und den Fernseher getrost ausgeschaltet lassen. Leider wird dies im modernen Familienleben viel zu selten praktiziert.

Kinder beziehen ihr Selbstwertgefühl zu großen Teilen aus der Wertschätzung, die Sie, die Eltern, ihnen entgegenbringen. Babys und Kleinkinder sind dann glücklich, wenn sie spüren, daß sie ihren Eltern das Teuerste auf der Welt sind.

Sie sollen zwar nicht die ganze Familie mit ihren Ansprüchen tyrannisieren, aber sie haben ein Recht darauf, daß ihre Belange ernst genommen werden. Und dies gilt, wenn auch in abgeschwächter Form, selbst noch für Teenager.

Steigern Sie Ihre Liebesfähigkeit

Wie können Sie am schnellsten eine liebevolle und positive Grundstimmung in Ihrer Familie erzeugen? Sie können mit einem kleinen Kunstgriff beginnen, den alle liebevollen Menschen – oft völlig unbewußt – beherrschen. Es ist die Fähigkeit, in der Gegenwart zu leben!

In der Gegenwart nämlich leben alle Kinder, die Zukunft ist ihnen unfaßbar fern. Sie leben im »Hier und Jetzt«. In Ihrer Kindheit war das nicht anders! Können Sie sich daran erinnern, wie lang ein einziger Tag war und daß sechs Wochen Sommerferien wie eine Ewigkeit erschienen?

Erwachsene, die – wenigstens zeitweise – im Hier und Jetzt leben, kommen bei Kindern immer gut an. Alte Menschen besitzen häufiger diese Fähigkeit, weil sie es nicht mehr eilig haben. Aber Eltern, die diese Begabung eigentlich am dringendsten bräuchten, sind mit ihren Köpfen meistens anderswo unterwegs. (Als junger Vater war ich ein Paradebeispiel dafür. Während ich mit meinen Kindern spielte, waren meine Gedanken mit tausend anderen Dingen befaßt, bis mein dreijähriger Sohn sich mit einem kleinen Schubser meine Aufmerksamkeit zurückholte.)

Die Fähigkeit, einfach nur »da zu sein«, scheinen viele Menschen verloren zu haben. Besonders trifft dies auf die Bewohner von Großstädten zu, die fernab vom Rhythmus der Natur leben.

Oder, was genauso schlimm ist, sie halten es für vergeudete Zeit, wenn ein Tag einfach vergangen ist, ohne daß sie etwas »erreicht« haben. Wenn Sie aber zu Ihren Kindern durchdringen wollen, sei es, um ihnen Ihre Liebe zu zeigen, oder auch, um ihnen etwas beizubringen, so müssen Sie in die Gegenwart zurückkehren. Wie Sie das am besten anstellen, will ich Ihnen im folgenden erklären.

Holen Sie Ihre Gedanken nach Hause

Die meisten Probleme im Leben beschert uns unser Gehirn. Das ist nicht bloß irgendein Organ, denn seine besondere Leistungsfähigkeit macht uns erst zu Menschen und hebt uns von anderen Lebewesen ab. Aber das menschliche Gehirn ist eben auch entsetzlich anfällig für Sorgen und verquere Gedanken, die keinem Hund, keiner Katze und keinem Wellensittich jemals in den Sinn kämen. (Eine Mutter in einem meiner Seminare sagte einmal besorgt: » Hoffentlich finden meine Kinder jemals einen Job!« Als ich sie nach dem Alter ihrer Kinder fragte, antwortete sie: »Oh, ich habe noch gar keine Kinder«. Sie war gekommen, um sich auf ihre Elternrolle vorzubereiten! »Großartig!«, dachte eine Hälfte von mir, aber die andere sagte sich: »Mädchen, du solltest dich lieber amüsieren gehen!«)

Das ganze Unglück liegt darin, daß unser Hirn ständig unkontrolliert davonhastet und wir den Wald vor lauter Bäu-

men nicht mehr sehen. Typischerweise äußert sich dieser Hang zu unnötiger und belastender Grübelei in einer der folgenden drei Varianten:

1 In der Vergangenheit herumstochern

Es kann sehr schön sein, die Vergangenheit Revue passieren zu lassen, aber die meisten Leute beschwören alte Versäumnisse (verpaßte Gelegenheiten), alte Schuldgefühle (Dinge, die sie lieber nicht zu verantworten hätten) und alte Rechnungen (was andere ihnen noch schulden) herauf.

Die Beschäftigung mit der Vergangenheit ist für gewöhnlich reine Zeitverschwendung – besonders, wenn wir uns mit Dingen belasten, an denen wir nichts mehr ändern können. Dennoch macht diese Tätigkeit rund die Hälfte unserer gesamten Hirntätigkeit aus.

2 In die Zukunft vorauseilen

Die Zukunft eignet sich bestens zum Träumen, aber meistens sorgen sich die Menschen nur darum, was alles

schiefgehen kann, und plagen sich damit ab, allen er-
denklichen Gefahren und Risiken vorbeugen zu wollen.
Und so beschäftigen sie sich dann immer wieder nur mit
der Frage, was im schlimmsten Fall passieren kann.

Wer jedoch immer das Schlimmste befürchtet, läuft
Gefahr, entweder in totale Lähmung zu verfallen oder
aber völlig übertrieben auf die Dinge zu reagieren.

Man übersieht das Positive, weil es nicht in das Kata-
strophenschema paßt. Die Schönheit der Rosen entgeht
uns, weil wir fürchten, uns an ihren Dornen mit Tetanus
zu infizieren.

3 Sich an einen anderen Ort wünschen

Viele Menschen machen sich selbst unglücklich, weil sie
nachträglich ihre Entscheidungen anzweifeln: Wäre der
andere Job vielleicht doch besser gewesen, die andere
Fortbildung effektiver, hätten sie jemand anderen heiraten, in einer anderen Stadt leben und dieses Baby besser
nicht bekommen sollen? Frei nach dem Motto: Nachbars
Rasen ist grüner. Natürlich ist jeder einmal anfällig
dafür, aber vernünftige Leute würden diese Energie darauf verwenden, etwas zu verändern, einen Urlaub zu planen oder ihre Zukunft so zu gestalten, daß sie ihren
Träumen näherkommt. Anderen gelingt es nie, diesem
Muster zu entrinnen, und sie jammern weiterhin:
»Wenn es doch nur so und so gewesen wäre, dann ...«

Während wir uns aber mit derlei »wichtigen« Gedanken beschäftigen, machen wir uns selbst unglücklich
und vernachlässigen unsere Kinder.

Kindliche Unbeschwertheit lebt in der Gegenwart

Falls es Ihnen noch nicht aufgefallen ist: Die schönsten Er-
lebnisse stellen sich oft von ganz allein ein und folgen keinem festgelegten Plan! (Ausnahmen sind natürlich geplante

Urlaubsreisen oder Ausflüge, Familienfeste oder ein wohl-
verdienter Abend im Restaurant oder im Kino). Aber auf jedes geplante glückliche Ereignis kommen zehn andere, die
einfach so passieren. Das einzige, was Sie tun müssen, ist,
dem Glück Platz zu lassen und im richtigen Moment danach
zu greifen.

Denn mit dem Glück verhält es sich so wie mit einem
Schmetterling: Sie müssen stehen bleiben, damit er sich auf
Ihrer Schulter niederlassen kann.

Magische Augenblicke

Das Leben beschenkt uns dann, wenn wir es am wenigsten
erwarten (eine Wahrheit, die von der Fernsehwerbung nur
allzu gern ausgenutzt wird).

Man kennt diese Momente: Gerade haben Sie sich noch
vergeblich damit abgemüht, mit Ihren Kindern im Park einen Drachen steigen zu lassen. Dann, ganz plötzlich und
unerwartet, erfaßt der Wind das Spielzeug. Ihre Kinder
kommen Ihnen mit dem flatternden Drachen entgegenge-
laufen, während hoch am Himmel eine Lerche trillert und
die Sonne die Wolken durchbricht und einen goldenen
Strahlenkranz um das Haar Ihrer Kinder legt. Auf einmal
läuft alles im Zeitlupentempo, Ihr Partner lächelt Sie liebevoll an, und sind da nicht auch noch Geigen zu hören?
Unversehens finden Sie sich im Siebten Himmel und wollen mit nichts und niemandem auf der Welt tauschen.

Kinder heben solche Momente sorgsam in ihrer Erinnerung auf. Wenn es mal ruhig ist, oder auf langen Autofahrten, werden sie »Weißt du noch ...« spielen und sich bis in jede Einzelheit daran erinnern, wo und wann sie ein schönes
Erlebnis hatten. Dies stärkt ihr Zusammengehörigkeitsgefühl und ihr Vertrauen in die Zukunft.

Können Sie sich an die magischen Augenblicke in Ihrer Kindheit erinnern? Mir fällt ein eisiger Nachmittag mit meinem Vater im Fußballstadion ein. Ich war das Spiel über in seinen Mantel gehüllt und spürte seine wohlige Wärme.

Oder eine andere Erinnerung: Wenn ich als Vierjähriger auf die Toilette mußte, setzte meine Mutter sich immer mir gegenüber auf einen Wäschekorb, und ich konnte mich an ihr festhalten. Wahrscheinlich wollte sie mich davor bewahren, in die Toilettenschüssel zu fallen. Wie auch immer, mir gefiel es, und ich kostete diese Momente möglichst aus.

Jeden Tag gut beschließen

In einer Familie aus unserem Bekanntenkreis mit einem fünfjährigen Sohn und einer zweijährigen Tochter findet jeden Abend ein besonderes Ritual statt.

Anstatt eine Gute-Nacht-Geschichte vorzulesen, lassen Vater oder Mutter noch einmal die Ereignisse des Tages Revue passieren und erzählen, welches Ereignis für sie am schönsten war. Dann fragen sie die Kinder: »Und was hat euch am besten gefallen?« Sie hören genau zu, was ihre Sprößlinge zu sagen haben, und geben ihnen dann einen Gutenachtkuß.

Das ist eine sehr schöne Art, den Tag zu beschließen, und eine äußerst wirkungsvolle Methode, die Energien auf das Positive zu lenken.

Auf den Boden zurückkommen – ein Weg zu mehr innerer Ruhe

Auf den Boden zurückzukommen, sich zu »erden«, ist eine einfache und wirksame Methode, das Bewußtsein zur Ruhe zu bringen und sich auf das Hier und Jetzt zu konzentrieren. Dabei spielt es keine Rolle, ob Sie im Auto sitzen, abspülen, den Korridor auf und ab gehen oder ob Sie sich lieben.

Der ganz normale Wahnsinn

Das Familienleben ähnelt heutzutage nur allzu häufig dem organisierten Wahnsinn. Die Eltern stehen vor sechs Uhr morgens auf, schlingen ihr Frühstück hinunter, scheuchen ihre Kinder in die Frühbetreuung, von dort geht es in die Schule und danach in den Hort. Nach Büroschluß holen sie sie ab, essen eine Kleinigkeit, und dann ist »Kinderstunde« (ha, ha!).

Später erledigen sie den Haushalt und noch ein paar »Hausaufgaben«, und lange nach Mitternacht fallen sie völlig erschöpft ins Bett.

Viele Familien haben heute zwar ein eigenes Haus, aber für die dafür übernommenen Schulden müssen beide Eltern 30 Jahre lang arbeiten. Manche Eltern verbringen ein Viertel ihrer wachen Zeit in einem Fahrzeug. Viele Väter arbeiten Tag und Nacht, um Geld für eine Eliteausbildung ihres Nachwuchses zurückzulegen, die Kinder aber leiden längst an Drogenproblemen und Minderwertigkeitskomplexen, weil ihre Väter nie zu Hause sind. Ehen zerbrechen an Vernachlässigung und Erschöpfung, und beide Partner machen »Kommunikationsprobleme« dafür verantwortlich, während sie mit Kollegen im Büro die ausführlichsten Gespräche führen. Die moderne Familie scheint am Streß zugrunde zu gehen.

Warum beginnen wir nicht gleich, während Sie dieses Buch lesen? Wie fühlen Ihre Muskeln sich an und was spielt sich im Inneren Ihres Körpers ab? Versuchen Sie, diese Körperempfindungen wahrzunehmen, wie schwach sie auch sein mögen. Wenden Sie sich jetzt dem zu, was Sie gerade berühren: das Buch, das Sie in der Hand halten (Sind Ihre Schultern entspannt?), die Stuhllehne in Ihrem Rücken und die Kleider auf Ihrer Haut. Versuchen Sie, alle Gefühle zu erfassen und zu intensivieren.

Nach einer Weile lenken Sie Ihre Aufmerksamkeit auf Ihre Umgebung. Gebrauchen Sie Ihre fünf Sinne, schauen Sie sich um und versuchen Sie, die Gerüche und Geräusche um Sie herum einzufangen. Machen Sie sich ganz genau bewußt, was Sie umgibt.

Sie werden feststellen, daß es drei klar abgegrenzte Erfahrungsbereiche gibt:

1   **das Innere Ihres Körpers** – sind Sie müde oder hellwach, entspannt oder verkrampft?

2   **das Äußere Ihres Körpers** – das Buch, das Sie berühren, oder die Luft auf Ihrem Gesicht;

3   **die Umgebung Ihres Körpers** – was geschieht gerade um Sie herum, welche Farben, welche Geräusche und welche Bewegungen können Sie wahrnehmen?

Während Sie damit beschäftigt sind, diese drei Bereiche abzutasten, werden Sie mehrere Effekte spüren:

1   Ihr Bewußtsein legt eine langsamere Gangart ein.

2   Sie können die Schönheit und Fülle des Augenblicks intensiver empfinden.

3   Ihr Körper macht sich deutlicher bemerkbar und signalisiert Ihnen vielleicht das Bedürfnis, sich einmal zu strecken, etwas zu essen oder auch nur auf die Toilette zu gehen.

Es passiert uns allen manchmal, daß unser Gehirn einfach mit uns durchgeht. Man fängt es am besten wieder ein, indem man sich auf etwas Konkretes und Gegenwärtiges konzentriert. Achten Sie z.B. auf die Beschaffenheit des Lenkrades, wenn Sie gerade Auto fahren, oder auf die Oberflächenstruktur des Porzellans, falls Sie soeben die Spülmaschine einräumen, oder versuchen Sie, die Körperwärme Ihres Kindes zu spüren, wenn es auf Ihrem Schoß sitzt.

Im Gegensatz zur Entspannung kann man »Erdung«, ein Gefühl der Verbundenheit mit dem Boden, überall und in wenigen Sekunden bekommen. Man braucht etwas Übung und Klarsicht, um sie sich zunutze machen zu können, aber der Vorgang ist so natürlich wie das Atmen und wird Ihnen zuverlässig helfen, sich aus schwierigen Gemütszuständen zu befreien.

Probieren Sie es! Kleine Kinder oder Leute, die sehr bodenständig und im Einklang mit dem Rhythmus der Natur leben, verfügen für gewöhnlich über eine gute »Erdung«. Sie können von ihnen lernen, indem Sie einfach nur ihre Nähe und Ausstrahlung genießen. Sobald Sie einmal gelernt haben, den Kontakt zum Konkreten über längere Zeit hinweg aufrechtzuerhalten, werden Sie immer mehr den Wunsch verspüren, diesen Zustand zu bewahren, und Sie werden es frühzeitig bemerken, wenn Sie in Hast oder Aufregung geraten oder in Bewegungslosigkeit oder Depression verfallen.

Und es wird Ihnen immer gelingen, sich sanft wieder in das viel angenehmere Hier und Jetzt zurückzubefördern.

Alle Eltern brauchen Zeit für sich selbst

Sie können nicht einen anderen Menschen lieben, wenn Sie keinen Sinn, kein Empfinden für sich selbst haben. Das können Sie aber nur erreichen, wenn Sie sich genügend Platz einräumen, Sie selbst zu sein. Nehmen Sie sich jeden Tag etwas Zeit für sich selbst.

Manche Leute stehen morgens früher auf oder gehen abends später zu Bett, um sich diese Zeit zu geben. Andere

DER BAUM DES

Mit unserer Familie verhält es sich wie mit einem Baum. Die Wurzeln sind unsere eigene Kindheit und die Haltung zu uns selbst. Unsere Ehe oder Partnerschaft und unsere Verbundenheit mit unseren Kindern bilden den Stamm. Unsere täglichen Handlungen und die Entscheidungen, auf denen sie basieren, bringen die Zweige hervor, und die Kinder sind die Blüten und Früchte.

Wir habe feste Vorstellungen davon, wie unsere Kinder sich zu benehmen haben, besonders, wenn es um den Respekt gegenüber den Rechten und Gefühlen anderer geht. Wir versuchen, unsere Kinder vor gefährlichen Menschen und brutalen, niveaulosen Filmen oder Büchern zu schützen. Wir ergreifen Maßnahmen, um den Einfluß unseres Berufes auf unsere Familie und unser Leben zu begrenzen.

Wir versuchen, so natürlich wie möglich zu leben, uns vernünftig zu ernähren und unsere Welt und unmittelbare Nachbarschaft in schönere und sicherere Orte zu verwandeln. Wir pflegen Freundschaften, Familien- und Nachbarschaftsbeziehungen, um uns ein zuverlässiges soziales Netz zu schaffen, das uns im Leben unterstützt. Wir machen Musik, wir tanzen und singen.

(FAMILIEN-) LEBENS

In unserer Familie umarmen wir uns oft, wir lachen und spielen oft miteinander. Wir mögen unsere Kinder wirklich sehr und genießen ihre Gesellschaft. Sie vermitteln uns ein positives Gefühl (meistens zumindest).

Wir arbeiten an unserer Ehe und nehmen uns die Zeit, einander kennenzulernen, um unser selbst und um unserer Kinder willen.

Wir wollen lieber Zeit für unsere Kinder haben und arm sein als reich und ständig von ihnen getrennt.

Wir achten auf uns selbst und nehmen uns Zeit, damit jeder für sich ganz er selbst und ganz bei sich sein kann.

Wir haben als Kinder viel Liebe bekommen und geben sie gerne an die Kinder von heute weiter. Und selbst wenn dies nicht der Fall war und wir eine harte Kindheit erlebt haben – wir wissen, wie wichtig es ist, die Wurzeln zu »gießen« und zu pflegen; das hilft uns dabei, uns selbst und anderen Gutes zu tun.

arrangieren sich mit ihrem Partner, so daß beiden etwas eigene Zeit zur Verfügung steht.

Die Zeit, die man allein verbringt, ist noch wichtiger als die zu zweit. Denn Sie können sich Ihrem Partner nur dann zuwenden, wenn Sie in sich selbst ruhen. Ist dieser Zustand erst hergestellt, dann verspüren Sie ganz von selbst das Bedürfnis nach Nähe.

Zeit für sich selbst bedeutet aber nicht »Ach, endlich kann ich den Berg an Hausarbeit erledigen, der schon seit Tagen auf mich wartet!«, auch wenn ein Großputz sehr befriedigend sein kann, während sich gerade jemand anderes um die Kinder kümmert. Treffen Sie sich lieber mit Freunden! Fernsehen hat den gegenteiligen Effekt, Sie verlieren sich dabei eher, als daß Sie zu sich finden. Briefe zu schreiben oder ein Tagebuch zu führen ist dagegen sehr wirkungsvoll. Wenn Sie ein spirituelle Neigung haben, dann sind Gebete oder Me-

ditationen gut geeignet, und auch Lesen ist eine sinnvolle Alternative. Legen Sie sich mit einem Glas Sherry und einer Zeitschrift in die Badewanne, gehen Sie in den Wald oder oder in den Garten oder führen Sie Ihren Hund aus, ganz wie es Ihnen behagt – die Hauptsache ist, daß Sie überhaupt Zeit mit sich selbst verbringen, und zwar regelmäßig!

Kinder Kinder sein lassen

Den vielleicht größten und nachhaltigsten Schaden haben wir unseren Kindern in den letzen zwanzig Jahren zugefügt, indem wir ihnen nach und nach die Kindheit weggenommen haben. Und das ging auf verschiedenen Wegen vor sich:

1 Das Bombardement der Medien

Horror, Angst und Schrecken sind die Ingredienzen, aus denen sich die täglichen Nachrichten wie auch die sogenannte »Unterhaltung« zusammensetzen. Da das Fernsehen nur über einen kleinen Bildschirm in unsere Wohnungen kommt, meint man bei den Fernsehsendern, mit großen Effekten arbeiten zu müssen, um die Aufmerksamkeit der Zuschauer zu erhalten.

Außerdem übermitteln die Medien Kleinkindern wie Sechzigjährigen die gleichen Botschaften. Dabei werden

> **Vor vielen Jahren arbeitete ich an einer Schule** mit verhaltensauffälligen Kindern. Als sich eines Tages während der Pause ein Grüppchen meiner Zwölfjährigen hinter einem Gerümpelhaufen versteckte und ich nur noch ihr Kichern und Rumoren hören konnte, vermutete ich, daß sie etwas Übles im Schilde führten. Ich kroch ihnen also hinterher und mußte zu meiner Schande feststellen, daß sie sich bloß eine Hütte gebaut hatten und dabei waren, ihr Essen und ihre Getränke miteinander zu teilen. Sie luden mich sogar dazu ein, ich konnte aber nur kläglich grinsen und krabbelte beschämt wieder davon.

unsere Kinder sinnlos überhäuft mit negativen Dingen, die in ihrer Welt keinen Platz haben und für die sie auch nicht gewappnet sind.

2   Ein total verplantes Leben

Ich weiß von vielen Familien, die ihre Nachmittage und Wochenenden damit verbringen, ihre Kinder von einer Aktivität zur nächsten zu schleppen: Sportverein, Musikunterricht, Nachhilfe, Kindertheater usw. Wenn dazu noch Hausaufgaben in größerem Umfang kommen, dann bleibt unseren Sprößlingen nur noch wenig Zeit, ein Kind zu sein.

Nie zuvor hat es eine Generation gegeben, deren Leben ähnlich verplant war. Die einfache Regel »Ein Kind, eine Aktivität« ist dazu sicherlich eine gute Alternative.

3   Die Wettbewerbsneurose

Die oben beschriebene Überhäufung mit Aktivitäten kann Kindern schnell das Gefühl vermitteln, das Leben sei ein verzweifelter Wettkampf. Die Schule, selbst der Kindergarten, wird zu einem gefürchteten Ort, wo nur Leistung zählt.

Anstatt zu spielen, betreiben Kinder oft noch einen straff organisierten und vielfach kostspieligen Sport, bei dem der Wettkampf im Vordergrund steht. Siebenjährige vergleichen ihre Wertungen, machen sich Gedanken über ihre Leistung und beten dafür, ins Wettkampfteam aufgenommen zu werden. Und das ist schierer Wahnsinn.

4   Überarbeitete Eltern

Da wir so beschäftigt sind, unseren Kindern alle diese Vergnügungen zu ermöglichen, bleibt uns wenig Zeit und Energie, zu ihnen eine tragfähige Beziehung aufzubauen. Wir sind angespannt und launisch und damit erbärmliche Vertrauenspersonen für unsere Kinder.

Je schuldiger wir uns fühlen, desto mehr glauben wir bieten zu müssen. Mit dem Effekt, daß wir noch mehr arbeiten müssen, um all das zu finanzieren.

5   Eine gefährliche Welt

Während die Kinder in den 50er-Jahren frei und ungebunden in Wäldern und Wiesen umherstromerten und zwischen Frühstück und Abendessen nur selten zu Hause auftauchten, müssen wir sie heutzutage ständig in unserer Nähe behalten, um sie so vor den Gefahren des Straßenverkehrs und vor Verbrechen zu schützen.

Ihre Freiheit und Ungebundenheit ist eingeschränkt, ihr Körper bekommt nicht genügend Bewegung, und sie lernen erst spät, etwas auf eigene Faust zu unternehmen.

Es ist zwar eine konservative Forderung, aber dennoch: Wir müssen die Kindheit wiederherstellen! Wir müssen das naturnahe und ungebändigte Element in unseren Kindern wieder wachrufen und bewahren.

Und – wir müssen aktiv werden, unnötigen Druck und andere Beeinträchtigungen abwehren und das Leben unserer Kinder entgiften!

Einige mögliche Auswege

✗ Sorgen Sie dafür, daß immer genügend Zeit, Platz und Material für einfache Spiele zur Verfügung stehen. Plastikspielzeug ist zwar billig und sauber, aber Matsch, Papierfetzen, Ton und Wasser sind mit den sinnlichen Erfahrungen, die sie ermöglichen, nicht zu überbieten.

Sie erlauben dem Kind, seine Phantasie und seine Neigungen frei zu entfalten.

✗ Schaffen Sie »fördernde Langeweile«. Kinder, die Unterhaltung durch Computer, Videos oder geplante Aktivitäten gewohnt sind, brauchen vielleicht eine Weile, um zum eigenen, selbstgesteuerten Spiel zurückzufinden. Bis dahin müssen Sie sich auf einiges Genörgel gefaßt machen.

Aber das fehlende Angebot an Unterhaltung wird sie zwingen, selbst aktiv zu werden, und gerade das ist für ein Kind gesund. Denn wie Psychologen feststellten, ist eigenständiges Spielen ein wichtiger Prozeß, der Kindern dazu dient, ihre Welt zu verstehen, Wünsche auszudrücken, Ängste zu überwinden und Kontakt aufzunehmen. Spielen ist die Quelle von Kreativität und Erfindungsgeist. Große Musiker, Wissenschaftler, Liebhaber, Künstler und sogar Manager haben sich die Fähigkeit bewahrt, ihren Geist spielen zu lassen.

✗ Versuchen Sie selbst, wieder zu spielen. Oft finden Erwachsene, die sich in einer Krise befinden, neue Kraft durch kreative Beschäftigung, durch Musik, die Natur oder durch Bewegung an frischer Luft.

✗ Verzichten Sie auf die Abendnachrichten. Lassen Sie den Fernseher nicht einfach laufen, sondern wählen Sie sich Ihr Programm bewußt aus und schalten Sie ihn wieder ab, wenn die von Ihnen ausgesuchte Sendung vorbei ist.
Gewähren Sie Ihren Kindern nur eine Fernsehstunde pro Tag und lassen Sie sie selbst entscheiden, was sie sich ansehen.

✗ Betrachten Sie Ihr Leben unter folgendem Gesichtspunkt: Gefällt es Ihnen, wo Sie leben, wie Sie leben und welcher Arbeit Sie nachgehen? Oder gibt es Alternativen, die Ihr Leben fröhlicher, einfacher und dennoch inspirierend und reich gestalten könnten?
Vielleicht leben wir in einer Zeit, in der die ganze Welt einen Gang zurückschalten sollte. Kinder sind ein guter Anlaß, damit anzufangen!

Die Ankunft eines Babys zum Beispiel: Sie versetzt uns manchmal in einen Zustand von übertriebener Aktivität – wir renovieren die Wohnung, machen Überstunden, um Reserven anzulegen, und versuchen, herbeizuschaffen, was wir für notwendig erachten. Dabei braucht das Baby nur uns!
Durch meine Arbeit mit krisengeschüttelten Familien habe ich in sehr eindringlicher Form gelernt, meine Zeit nicht mit künstlicher Geschäftigkeit zu verschwenden.
Manche Kinder sterben früh – und wenn wir dann feststellen, daß wir ihre Gegenwart gar nicht mitbekommen haben, weil wir zu sehr mit der Zukunft beschäftigt waren,

dann wird der Schmerz über den Verlust im buchstäblichen Sinne unerträglich groß.

Das Beste, was wir für unsere Kinder tun können, ist also, uns an ihnen zu erfreuen.

Neue Vitamine für Kinder

Wir wissen alle, wie wertvoll die Vitamine A, B, C, D etc. sind. Sie müssen in der täglichen Kost unserer Kinder enthalten sein, damit sie wachsen und gedeihen. Nun wollen Wissenschaftler einige neue Vitamine entdeckt haben, die mindestens ebenso bedeutend sind. Hier sind sie:

Vitamin M für Musik

Kommt natürlich bei allen jungen Eltern vor und kann der Familienkost umgehend zugesetzt werden. Legen Sie gute Musik auf und tanzen Sie mit Ihren Kindern im Wohnzimmer – möglichst oft. Nehmen Sie sie auf den Arm, wenn sie noch zu klein sind.

Singen Sie auf Autofahrten und stellen Sie Lieblingskassetten zusammen. Auch ein paar einfache Musikinstrumente sollten zur Verfügung stehen. Wenn Sie Ihre Kinder zum Musikunterricht schicken, so versichern Sie sich, daß sie auch wirklich Freude daran haben.

Achtung: Die Wirkung wird durch unablässigen Radio- oder Fernsehlärm gefährdet – Kinder lernen so, nicht zuzuhören.

Vitamin P für Poesie

Bringen Sie Kleinkindern kurze Liedchen und Reime bei. Ältere Kinder können Gedichte lernen und anläßlich von Familienfeiern rezitieren. Hören Sie sich Gedichte und Geschichten auf Tonband an und erfreuen Sie sich am gesprochenen Wort.

Vitamin N für Natur:

Geben Sie Ihrem Kind Gelegenheit, sich in verwildertem, naturnahem Gelände umzutun. Bei kleineren Kindern reicht noch der

Garten mit seinen Insekten und Krabbeltieren und den Büschen und Bäumen, in denen die Vögel von Ast zu Ast springen. Wann immer es Ihnen aber möglich ist, sollten Sie sich in die freie Natur begeben und zum Beispiel Waldspaziergänge unternehmen. Beobachten Sie Sonnenuntergänge und zelten Sie im Freien.

Es besteht eine enge Verwandtschaft mit Vitamin S1 für Spiritualität. Verträgt sich nicht mit Computerspielen, dem Leben in der Stadt, dem Besuch zu vieler Vergnügungsparks und der Auffassung, daß Spaß etwas ist, das man kaufen kann.

Vitamin S1 für Spiritualität:

Wenn Sie Bedarf an diesem Vitamin haben, dann suchen Sie Kontakt zu Gemeinden oder anderen spirituellen Kreisen. Dieses Vitamin wird Ihr Leben vertiefen.

Vitamin S2 für Spaß

Überall enthalten, überträgt sich von Kindern auf Erwachsene und umgekehrt. Das weitverbreitetste Vitamin der Welt. Am Arbeitsplatz kommt es natürlich nicht vor, kann aber eingeschmuggelt werden.

Gefährdet durch das Tragen einer Uhr.

Vitamin H für Hoffnung

Kommt natürlich vor, sollte vor dem Kontakt mit Giften geschützt werden. Vermeiden Sie es tunlichst, die Welt nur passiv durch Zeitungen oder Fernsehnachrichten zu betrachten, und verzichten Sie auf Schwarzseherei in der Gegenwart von Kindern, insbesondere von Teenagern.

Unterstützen Sie eine Sache von Belang, Greenpeace, BUND, World Wildlife Fund oder ein Nachbarschaftshilfeprojekt. Forschungen haben gezeigt, daß die Kinder von nur halbwegs engagierten Eltern psychisch gesünder sind, eine positivere Einstellung zur Welt und zur Zukunft haben und auch bereit sind, mehr dafür zu tun, als Kinder passiver Eltern.

Vitamin V für Vertrauen

Ein Depot dieses Vitamins wird in der Kindheit aufgebaut, wenn das Kind die Erfahrung macht, daß es sich auf seine Eltern verlassen kann, und daß seine Eltern – und es selbst mit Hilfe seiner Eltern – mit Schwierigkeiten fertig werden.

Eine spätere Zufuhr durch Freunde oder Therapeuten ist begrenzt möglich.

Eng verwandt mit Vitamin H, kann dieses vor Zerstörung schützen.

Standfeste Liebe

Das Geheimnis von
wohlerzogenen Kinder

Kapitel 3

Es ist ein Zeichen unserer Zeit, daß das Wort »Disziplin« in unseren Sprachgebrauch zurückgefunden hat. Für diejenigen, die die 60er-Jahre bewußt miterlebt haben, ist das eine sehr erstaunliche Wendung.

In den letzten zwanzig Jahren wurde das Wort vorwiegend im Zusammenhang mit militärischen Themen gebraucht. Aber es steht heute auch wieder in Erziehungsfragen auf der Tagesordnung. Das ist unschwer zu erkennen, wenn man sich Bücherregale und Elternzeitschriften ansieht.

Und es ist auch höchste Zeit! Denn wenn bei den Entwürfen für ein modernes Einfamilienhaus heutzutage ganz selbstverständlich ein Rückzugsort für die Eltern miteingeplant wird, dann ist Handlungsbedarf dringend gegeben.

Schließlich wollen wir Eltern uns nicht bloß mit einer Elternecke begnügen, sondern das ganze Haus für uns zurückgewinnen!

Warum Disziplin?

Oh, weh! Da kommen sie schon! Ihre beste Freundin und ihr vierjähriger Sohn – eine Höllenausgeburt von einem Kind! Er schmiert Marmelade auf Ihr Sofa, kritzelt auf den Vorhängen herum und kann selbst Bulldoggen in Angst und Schrecken versetzen. Sollten Sie sich nicht doch lieber verstecken und so tun, als seien Sie nicht zu Hause?

Disziplin ist schon eine merkwürdige Sache: Man bemerkt sie am ehesten dann, wenn sie nicht vorhanden ist.

Wir alle kennen Eltern, die ihre Kinder überhaupt nicht im Griff haben, und vielen von uns ergeht es auch manchmal so. Fast alle Eltern müssen von Zeit zu Zeit um die Kooperationsbereitschaft ihrer Kinder kämpfen und haben oft genug Probleme mit ihrem eigenen Verständnis von Disziplin.

Eine Minderheit von Eltern scheint jedoch bestens mit dem Problem der Diziplin klarzukommen. Was ist ihr Geheimnis? Wenn sie ihre Kinder rufen, kommen sie tatsächlich. Es kann einem der Mund vor Staunen offen stehen, wenn man bei ihnen zuhause die Zehnjährigen für die Familie Kaffee kochen sieht und wenn die Teenager anrufen, um mitzuteilen, daß sie bald nach Hause kommen.

Diese Kinder sind keine verängstigten grauen Mäuschen, sondern fröhlich, optimistisch und unverkrampft. Was ist das Rezept ihrer Eltern?

Der Grund, weshalb wir uns alle disziplinierte Kinder wünschen, ist denkbar einfach: Es macht das Leben leichter. Immer nachzugeben hat nicht diesen Effekt. Eltern, die ihren Kindern keine Grenzen setzen, werden feststellen, daß das Verhalten ihrer Kinder sich verschlechtert. Ohne klare Regeln können Sie einen ganzen Tag mit Diskussionen verbringen, an dessen Ende weder Sie noch Ihr Kind glücklich sind.

Arbeiten Sie aber mit einer effektiven Disziplinierungsmethode, so sind die Probleme schnell gelöst, und Sie können sich wieder angenehmeren Dingen zuwenden.

Aber das ist nicht alles! Wir disziplinieren unsere Kinder nicht, damit wieder »Gesetz und Ordnung« herrschen. Um das zu erreichen, ist es am besten, keine Kinder zu haben. Das eigentliche Ziel ist, ihnen beizubringen, wie sie heiter und gelöst mit den Anforderungen des Lebens fertig werden können.

Aber ohne eine gewisse Standfestigkeit auf seiten der Eltern entwickeln Kinder keine Selbstkontrolle und benehmen sich mit fünf, fünfzehn oder fünfundzwanzig immer noch wie Zweijährige.

Ihr Leben ist ein Chaos, weil sie keine Selbstdisziplin kennen. Eltern, die ihre Kinder tun lassen, was sie wollen, legen ihnen ein großes Hindernis in den Weg hinaus in die rauhe Wirklichkeit. Bei Kindern solcher Eltern ist die Gefahr viel größer, daß sie in Unglück, Arbeitslosigkeit, Ehelosigkeit, Einsamkeit, Verbitterung oder sogar im Gefängnis enden, als bei Kindern, die ihre Eltern als feste und starke Persönlich-

keiten erlebt haben. Ein Kind, das Selbstdisziplin gelernt hat, kann mit der Welt umgehen und sich Probleme vom Hals halten, es ist wirklich frei!

Disziplin erleichtert es, mit sich selbst und anderen zurechtzukommen. Nach der Liebe ist Disziplin das Allerwichtigste, was Sie Ihren Kindern mit auf den Weg geben können. Aber natürlich meine ich nicht die Art von Disziplin, die man landläufig mit diesem Wort verbindet.

Die Vorgehensweise, die wir favorisieren, heißt Standfeste Liebe – standfestes Eingreifen aus Liebe zum Kind.

Eltern, die zur Standfesten Liebe fähig sind, sagen: »Ich liebe dich, und gerade deswegen erlaube ich dir nicht, dich so aufzuführen.« Sie verbinden Liebe und Standfestigkeit, sie schlagen nicht, sie verletzen nicht und sie beschuldigen nicht, aber sie sind unerschütterlich in ihrer Haltung.

»Stillstehen und nachdenken« und »Das Problem lösen«

An dieser Stelle wollen Sie sicherlich wissen, mit welchem Zaubermittel Sie Ihre Kinder dazu bringen, sich kooperativ zu verhalten. Standfeste Liebe basiert auf zwei Kerntechniken. Die erste ist Stillstehen und nachdenken und die zweite das Problem lösen . Sie können vom Kleinkindalter an und – mit einigen Abwandlungen und Modifizierungen – über die Jugend bis ins Erwachsenenalter hinein eingesetzt werden. Die Fähigkeit, »stillzustehen und nachzudenken« und dann »das Problem zu lösen«, wird sich, wenn Ihre Kinder erwachsen geworden sind, zu einer inneren Qualität entwickelt haben.

Sie wird ihnen zu Reife, Reflexion und Klugheit in ihren Handlungen verhelfen. Lassen Sie uns herausfinden, wie man diese zwei Techniken einsetzt.

Lucia findet ihren Meister

Die zwanzig Monate alte Lucia spielt mit dem Stromkabel der Stereoanlage. Sie tut das nicht etwa heimlich oder versteckt, sondern unter den Augen ihrer Eltern, die gerade in eine Unterhaltung vertieft sind. Ihre Mutter sieht sie und ruft: »Finger weg vom Stromkabel, spiel' lieber mit deinen Spielsachen!«

Lucia zeigt keinerlei Reaktion, also steht ihre Mutter auf und geht zu ihr: »Lucia, Hände weg vom Stecker!«

Lucia schaut zu ihr auf und wirft ihr einen Blick zu, einen von der Sorte: »Was willst du schon dagegen unternehmen?«.

Die Mutter startet einen letzten Versuch: »Komm' weg von den Steckern, oder du mußt in der Ecke stehen!«

Lucia wendet sich erneut der Stereoanlage zu und murmelt »Nein, nein, nein« vor sich hin.

Bis zu diesem Zeitpunkt hatte Lucia nie ein ähnlich aufsässiges Verhalten an den Tag gelegt. Sie ließ sich immer durch Ablenkung oder Überredung von ihrem Vorhaben abbringen. Nun aber wird sie ihre erste Erfahrung mit der Disziplin machen. Sie fordert die Eltern zu einer Kraftprobe heraus, weil sie es braucht.

Jetzt ist es Zeit zu handeln. Lucias Mutter schreitet energisch ein und packt die Kleine mit beiden Hände von hinten um den Bauch, hebt sie hoch und befördert sie in eine freie Ecke des Zimmers. (Jedes Wohnzimmer sollte übrigens so eine freie Ecke haben!) Lucia findet das gar nicht komisch, sie schreit und kreischt, sie schlägt um sich und strampelt. Ihre Mutter hält sie weiterhin fest und sagt: »Wenn du dich beruhigt hast, kannst du wieder aus der Ecke kommen.«

Lucia versucht es mit allen Mitteln: Spucken, Beißen und Treten. Andere Kinder halten die Luft an oder beschimpfen ihre Eltern. Lucia hat nie eine Ohrfeige bekommen, deshalb hat sie auch keine Angst, sie ist nur wütend.

Wie kann irgend jemand es wagen, sich in ihr Spiel ein-
zumischen! Sie blickt sich nach ihrem Vater um, der sich
im Hintergrund hält.

»Papi, Lucia helfen!« Ihr Vater kommt hinzu und hilft,
sie festzuhalten, während er mit ruhiger, aber fester Stimme wiederholt, was die Mutter gesagt hat: »Du darfst nicht
mit den Stromkabeln spielen.«

Nach kurzer Zeit beruhigt Lucia sich und hört auf zu
kämpfen. Ihre Mutter hat ständig wiederholt: »Wenn du
dich beruhigt hast, kannst du wieder aus der Ecke kommen.« Jetzt fragt sie sie geradeheraus: »So, läßt du jetzt die
Finger von den Stromkabeln?« – »Ja, Mami!«

»Brav«, sagen die Eltern, richten sich auf und beobachten Lucia, um zu sehen, was sie nun vorhat. Lucia schaut
abwechselnd zur Steckdose und zu ihren Eltern und wendet sich schließlich ihren Spielsachen zu. Ihre Eltern seuf-
zen vor Erleichterung und kehren zu ihrer Unterhaltung
zurück. In den nächsten Wochen wird Lucia zwar noch einige Male an den Steckern herumfingern, aber sie wird
auch auf ein Wort der Mutter hin sofort wieder damit aufhören.

Lucia wird noch viele Male in der Ecke landen, bis sie
fünf Jahre alt ist. Mit zweieinhalb wird sie noch öfter stillstehen und nachdenken müssen. Mit fünf aber wird sie in
der Lage sein, wohlüberlegt zu handeln und die Gefühle
anderer zu berücksichtigen, und dennoch wird sie ein
spontanes und unkompliziertes Kind sein.

Kein Schmerz, keine Schuld, keine Angst

Daß sie davongetragen wurde, um stillzustehen und nachzudenken, überraschte Lucia zwar sehr, aber es verletzte nur
ihren Stolz und auch das nur für einige Minuten. Kleine Kinder verstehen manchmal nur die Sprache des Körpers. Dann
müssen wir sie mit festem Griff, aber ohne sie zu er-

schrecken, anfassen. Wir müssen ihnen physisch klarmachen, daß »etwas nicht läuft«, und die schreienden Kleinen gegen ihren Willen aus dem Supermarkt tragen, sie daran hindern, dem schlafenden Hund Limonade ins Ohr zu gießen oder die Spielgruppe aufzumischen. Bei Kleinkindern müssen wir den Worten durch Taten Nachdruck verleihen.

Bewegen Sie sich immer ruhig und ohne Ihrem Kind weh zu tun, auch wenn Sie zornig sind. Es ist sowieso am besten, zu handeln, bevor die Sicherungen durchbrennen. Wenn Sie zu aufgeregt sind, verzichten Sie auf den zweiten Schritt und verfrachten Sie die Kleinen in ihr Zimmer, bis Sie sich selbst wieder beruhigt haben.

Schon bald wird Ihr Kind gelernt haben, daß es an einer bestimmten Stelle stillstehen und nachdenken muß, wenn Sie es ihm sagen. Es wird auf Sie hören, weil es weiß, daß es keine Alternative gibt, aber auch, weil es weiß, daß das Ganze nicht lange dauern wird und im Grunde keine große Affäre oder Strafe ist. Es ist nur eine Methode, mit einem Problem umzugehen, die den Sinn hat, daß das Kind selbst zu einer akzeptablen Lösung findet.

Ist es Mutwilligkeit oder überschüssige Energie?

Man muß den menschlichen Körper nur einmal anschauen, um zu erkennen, daß er wie geschaffen ist für Bewegung und Aktivität. Zum Beispiel die Buschmänner und -frauen in der Kalahari, von denen Bruce Chatwin in seinem wunderbaren Buch »Traumpfade« berichtet: Sie tragen ihre Babys durchschnittlich 4000 Kilometer weit, bis die Kleinen selber laufen können.

Unsere Körper sind so gebaut, daß sie täglich große Entfernungen zurücklegen können. Aber wenn wir uns nicht vom Fleck rühren, entsteht bei Kindern wie auch bei Erwachsenen Langeweile und Trägheit. Noch schlimmer wird es, wenn die Zeit mit Computerspielen oder Fernsehen totgeschlagen wird. Dann setzt der Körper nämlich Adrenalin frei, kann es aber nicht in gesteigerte Aktivität umsetzen.

Kein Wunder also, wenn Kinder, die den ganzen Tag nur in der Wohnung sitzen und sich kaum bewegen, ungehalten, launisch und aggressiv werden. Es ist die überschüssige Energie, die sie so umtreibt. Damit wird eines klar: Kinder gehören ins Freie und brauchen täglich jede Menge Bewegung!

Die Bewegungstherapeutin Kerry Ann Brown vermutet, daß Rennen, Klettern, Hüpfen, Fangen und der riesige tägliche Energieverbrauch kleiner Kinder eng mit späteren Fertigkeiten wie Lesen, Schreiben, Körperhaltung und Koordination zusammenhängen. Diese frühe Aktivität strukturiert das Gehirn und fördert die Feinmotorik, die zum Beispiel beim Halten eines Füllers benötigt wird. Babys in Rückentragen oder Tragetüchern zu befördern wirkt sich ebenso positiv aus wie die Raufereien, die Papis mit ihren Sprößlingen auf dem Wohnzimmerteppich veranstalten.

Daneben ist ein Trampolin eine sinnvolle Anschaffung, wie auch alle anderen sicheren und durchdachten Kletter- oder Schaukelgeräte nicht mit Gold aufgewogen werden können.

Parks sind ebenfalls Einrichtungen von unschätzbarem Wert. Machen Sie sich in Ihrer Gemeinde stark dafür, daß viele Spielplätze an windgeschützten, warmen Flecken mit schattenspendenden Bäumen und Sitzgelegenheiten für Erwachsene gebaut werden. Sie sollten sich in der Nähe von Wohngebieten und nicht in unsicheren Gegenden befinden, damit junge Mütter sich nicht ängstigen. Außerdem sollten die Spielplätze von einem Zaun umgeben sein, damit man auch einmal in Ruhe etwas lesen kann, ohne daß die Kinder »ausbüchsen« können. Sinnvoll wäre auch ein funktionierende und saubere Toilette.

Generell gilt: Wenn Ihnen die Decke auf den Kopf fällt, machen Sie mit Ihren Kindern irgend etwas, das Ihnen allen Bewegung und frische Luft verschafft. Machen Sie einen Spaziergang oder gehen Sie auf den Spielplatz. Ich habe viele Sonntage »im Sandkasten« verbracht. Mit ein wenig Verpflegung war das eine sehr preisgünstige Methode, die Kinder zufriedenzustellen.

Die Erziehungsmethoden entrümpeln

In den letzten hundert Jahren gab es im wesentlichen drei Verfahrensweisen, Kinder zu disziplinieren. Traditionell wurden die Kinder durch Angst vor Schlägen und Schmerzen konditioniert. Später, als körperliche Züchtigung geächtet wurde, setzten Eltern ihre Erziehungsziele mit Hilfe von Tadel und Schuldzuweisungen durch. Zuletzt versuchte man es damit, den »Delinquenten« zu isolieren. Wie man aus Erfahrungen mit erwachsenen Häftlingen weiß, führt das jedoch zu nichts, und der pädagogische Effekt ist gleich null.

Echte Disziplin aber ist eine Sache, die man seinen Kindern aktiv beibringen muß und die man nicht durch Strafen erreichen kann. Deshalb geht die Standfeste Liebe über den traditionellen Erziehungskatalog hinaus, und sie hat zudem den großen Vorzug, daß Sie Ihr Kind niemals ohrfeigen müssen – statt dessen können Sie einfach die Methode »Stillstehen und nachdenken und dann das Problem lösen« anwenden.

Mit der Hilfe dieser Methode werden Ihre – und vielleicht eines Tages alle – Kinder ohne Furcht vor ihren Eltern aufwachsen. Stellen Sie sich nur vor, welch wunderbares Gefühl das sein wird!

Natürlich bedeutet Standfeste Liebe auch, daß die Kinder mit weniger angenehmen Dingen konfrontiert werden. Aber niemals wird ihnen Schaden zugefügt. Das einzige Ziel der Standfesten Liebe ist es, Kinder auf einen guten Weg zu führen.

Schauen wir uns ein weiteres Beispiel an.

Daniel ißt Erbsen

Vier Jahre nach der Geburt ihres Kindes beschließen David und Louisa, daß sie nun abends wieder essen gehen wollen – zusammen mit ihrem Sohn Daniel. Sie sehen keinen Grund, warum es nicht möglich sein soll, auch mit einem Kind einen schönen Abend in einem besseren Restaurant (mit Tischdecken!) zu verbringen.

Bald ist ein Restaurant gefunden, und das Essen wird aufgetragen. Der kleine Daniel hat Langeweile, weil die Eltern miteinander und nicht mit ihm beschäftigt sind. Er schnippt mit dem Finger eine Erbse über den Tisch. Sein Vater flüstert ihm eine Warnung zu: »Hör' auf, mit den Erbsen zu spielen!« Aber für Daniel klingt es eher wie: »Bitte nicht hier, nicht vor all diesen Leuten!«, und eine weitere Erbse verläßt seinen Teller. Der Vater tauscht einen Blick mit der Mutter, es steht einiges auf dem Spiel.

David wird nun energisch: »Iß' anständig, oder du mußt in der Ecke stehen!« Daniel schickt ungerührt die nächste Erbse auf den Weg. Er will wissen, wieviel Rückgrat sein Vater wirklich hat und ob er zu seinem Wort steht. Aber David läßt keine Zweifel aufkommen – mit festem Schritt führt er Daniel an etwa vierzig mehr als erstaunten Restaurantbesuchern vorbei in die gegenüberliegende Ecke des Restaurants. »Ich hole dich wieder ab, wenn ich sehe, daß du bereit bist, vernünftig zu essen.« Mit diesen Worten kehrt er seelenruhig an den Tisch zurück.

Daniel ist zunächst einigermaßen verblüfft. Nach einer Weile jedoch sacken seine Schultern herab und er wirft unsichere Blicke in den Raum. David geht zu ihm und fragt: »Bist du jetzt wieder vernünftig?« – »Ja.« – »Was hast du falsch gemacht?« – »Meine Erbsen über den Tisch geschnippt.« – »Wie geht es nun weiter?« – »Ich esse anständig.« – »Okay, gut gemacht.« Damit setzen sich beide wieder an den Tisch.

Ein Raunen ist aus den Reihen der anderen Gäste zu vernehmen und Eltern, die 50 Mark pro Abend in einen Babysitter investieren, kritzeln kleine Notizen auf ihre Servietten.

Wäre Daniel nicht daran gewöhnt gewesen, »stillzustehen und nachzudenken«, dann wäre es besser gewesen, mit ihm vor die Tür zu gehen. Er hätte schreien und kreischen können, und in so einem Fall ist es für die Eltern wie auch für die anderen Gäste angenehmer, die Sache draußen auszumachen.

Lassen Sie Ihr Kind aber nicht allein. Eine klare Sprache und der plötzliche Ortswechsel bringen Kinder für gewöhnlich zum Einlenken. Es ist ein nicht ganz einfacher Lernprozeß, aber er lohnt sich – schließlich hängt davon ab, ob man künftig gemeinsam (und ohne Babysitter-Kosten) ein Restaurant besuchen kann.

Wie man »Stillstehen und nachdenken« und »Das Problem lösen« anwendet

1 Vorbereitung – Stellen Sie sich die Frage: Was ist falsch gelaufen, was soll das Kind besser machen? Das heißt: Setzen Sie sich ein klares Ziel, bevor Sie loslegen.

2 »Stillstehen und nachdenken« als solches muß auch gelernt werden. Bei Kleinkindern ist es ausreichend, sie an eine bestimmte Stelle zu setzen und einen Augenblick verstreichen zu lassen.

Sagen Sie: »Du mußt hierbleiben, bis wir uns einig geworden sind. Wenn du wieder friedlich bist, kannst du weiterspielen.« Wenn Sie es festhalten müssen, dann sagen Sie: »Ich lasse dich los, wenn du dich wieder beruhigt hast«. In diesem Alter können Sie sich damit zufrieden geben, wenn Sie ein Einlenken spüren oder eine zähneknirschende Entschuldigung hören. Helfen Sie dem

Kind, die Dinge richtig zu machen. Wenn z. B. ein Spielzeug an die Wand geflogen ist, dann holen Sie die Kiste herbei, damit Ihr Kind es einräumen kann.

3 Bei größeren Kindern (vom Alter von drei Jahren an) wird das Gespräch, das Sie führen, immer wichtiger. Vergessen Sie nicht, Ihr Kind muß Sie davon überzeugen, daß es sich in Zukunft besser verhalten wird. Es muß die Situation im Gespräch lösen und zeigen, daß es auch anders kann. Eine Bezeichnung dafür ist »Das Problem lösen«. Das lernt Ihr Kind hier.

Sagen Sie dem Kind, was seine Aufgabe ist: »Steh' still und denke darüber nach, wie du dir den Ärger eingebrockt hast. Wenn du es weißt und ich soweit bin, dann komme ich zurück und wir reden darüber.«

4 Führen Sie folgendes Gespräch, wenn Ihr Kind »Das Problem lösen« will.

a »Erzähl' mir, was hast du gemacht?« Diese Frage zeigt Ihrem Kind, daß es wichtig ist, Verantwortung für das eigene Handeln zu übernehmen.

b »Was hast du dir dabei gedacht bzw. gefühlt oder was hast du dir gewünscht?«

c »Was hättest du anders machen können, um dein Ziel zu erreichen?« Vielleicht kennt Ihr Kind bereits selbst einen besseren Weg, oder vielleicht haben Sie die gleiche Diskussion schon einmal geführt, dann kann Ihr Kind diese Frage schon selbst beantworten.

Vielleicht müssen Sie Ihrem Kind aber auch erst zeigen, wie es seine Sache besser machen kann, wie es sich z.B. am Spiel anderer beteiligen kann, wie man eine Stoppuhr benutzt, damit jedes Kind die gleiche Zeit zur Verfügung hat, um mit einem begehrten Spielzeug zu spielen, oder wo es seine Spielsachen vor ganz kleinen Kindern in Sicherheit bringen kann.

d »Wie willst Du die Sache in Zukunft anpacken?« Verlangen Sie hier einen konkreten Vorschlag und ein eindeutiges Versprechen, eine Zusicherung.

c »Zeig' es mir jetzt!« Machen Sie Ihrem Kind klar, daß Sie ihm die Gelegenheit geben möchten, die Sache, die zuvor zum Konflikt geführt hat, noch einmal zu wiederholen und diesmal richtig zu machen.

5 Führen Sie die Sache zu einem guten Ende. Das Schöne an »Das Problem lösen« ist, daß das Problem damit aus der Welt geschafft ist. Sie müssen zwar momentan ein bißchen Zeit investieren, aber dann nie wieder (schlimmstenfalls noch ein- oder zweimal). Am Ende fühlen sich alle Beteiligten wohler und sind wieder versöhnt.

Ein ganz neuer Ansatz

Diese Art von Disziplin unterscheidet sich ganz erheblich von der »Disziplin« früherer Zeiten. Wenn wir uns an unsere eigene Kindheit erinnern, so verbinden wir Disziplin mit recht negativen Gefühlen. Die Geschichte der Erziehung seit der industriellen Revolution war für die Kinder oft grausam und jammervoll.

Früher waren viele Eltern den Herausforderungen der Kindererziehung nicht gewachsen und wiederholten schlicht die Methoden, die sie selbst gehaßt hatten.

Wenn Disziplin jedoch als konsequentes Verhalten verstanden wird, als eine tragende Säule liebevoller Erziehung, dann erübrigen sich Schmerz, Scham und Furcht. Gerade diese Art von Disziplin ist eines der zentralen Merkmale der Standfesten Liebe.

Standfeste Liebe bedeutet, seinen Kindern gegenüber respektvoll und gewaltlos zu handeln, ohne sich dabei jedoch das Heft aus der Hand nehmen zu lassen.

Wir sind fest davon überzeugt, daß dieses Vorgehen zu einer Revolution in der Kindererziehung führen wird. Den Eltern wird es leichter fallen, aus ihren Kindern starke, liebevolle und stabile junge Erwachsene zu machen, und sie werden die Erziehung als eine vergnüglichere Aufgabe empfinden, eine Aufgabe, die voller Freuden ist.

Drei »Tricks«, mit denen man Kinder dazu bringt, kooperativ zu sein

Man kann vielen Konflikten vorbeugen. Mit ein bißchen Voraussicht lassen sie sich abwenden, bevor es zu einer Konfrontation kommt. Am Anfang werden Sie kleinen Kindern ein Dutzendmal oder öfter »Stillstehen und nachdenken« verordnen müssen. Bald jedoch werden sie lernen, nach einer Warnung, oder wenn Sie bis drei gezählt haben, zu reagieren. Erfahrenen Eltern gelingt es mit ein wenig Umsicht, Schwierigkeiten von vornherein zu umschiffen oder so abzuschwächen, daß der Konflikt nicht aus dem Ruder läuft.

Wenn Ihre Kinder drei oder vier Jahre alt sind, werden Sie so weit sein, Ihre Vorräte an Standfester Liebe und Ihre Energie für die ein oder zwei Anlässe am Tag aufsparen zu können, bei denen Sie wirklich wichtige Lektionen vermitteln müssen.

Wenn es Ihnen selbst noch nicht gelingt, die Fälle von Konfrontationen zu verringern und schwierige Punkte von vornherein zu »umschiffen«, können Ihnen vielleicht folgende Tips hilfreich sein:

Vorbeugen

Viel Ärger mit Kindern beruht auf Überanstrengung, Hunger oder Müdigkeit.

Sorgen Sie für eine ordentliche Mahlzeit, bevor Sie mit Ihrem Kind das Haus verlassen, und halten Sie regelmäßig für eine kleine Erfrischung an. Sehr süße oder gefärbte Lebensmittel sollten Sie Ihren Kindern nur gelegentlich oder als besonderen Leckerbissen nach einer Mahlzeit geben. Denn nach einem »Zuckerschock« drehen die meisten Kinder auf und sind schwerer zu handhaben.

Planen Sie Ihre Unternehmungen genau und verzichten Sie auf Unwichtiges, damit Sie nicht unter Zeitdruck geraten. Gestalten Sie Ihr Leben möglichst einfach, solange Ihre Kinder klein sind. Kleinigkeiten können Sie furchtbar lang aufhalten, Sie tun sich deshalb selbst einen Gefallen, wenn Sie dies mit einkalkulieren.

Geben Sie Ihrem Tagesablauf einen angenehmen Rhythmus mit festen Ritualen, so daß die Kinder sich dieser Routine anpassen können. Verlangen Sie unter der Woche, daß Ihre Kinder sich vor dem Frühstück anziehen. So vermeiden Sie Ärger und Verspätungen in Schule oder Kindergarten. Hungrige Kinder ziehen sich schleunigst und ohne Aufhebens an. (Damit sie ordentlich frühstücken, kann man sie abends nur mit einem leichten Abendbrot ins Bett schicken. Sie werden hungrig wie junge Bären aufwachen.)

Gestalten Sie das Zuhausesein fröhlich. Verrichten Sie die alltäglichen Aufgaben mit möglichst viel Spaß, legen Sie bei der Hausarbeit zum Beispiel lustige Musik auf. Sparen Sie sich Perfektionismus und seien Sie unbesorgt schlampig. Sie werden Ihre Kinder nur in den ersten fünf Jahren ganz für sich haben und in den folgenden zehn nur noch zur Hälfte. Warum also nicht die Freude voll auskosten, solange es noch geht?

Wenn kleine Kinder ruhelos und nervös sind, so fehlt ihnen meist Bewegung. Unsere moderne Welt mit winzigen Gärten, Sicherheitsgurten, langen Autofahrten und vielen Gefahren verursacht zwei Drittel der Probleme. Sandkästen, Wasserbecken, Platz zum Rennen und Klettern schaffen Abhilfe. Ein Kind, das sich ausgetobt hat, ist für gewöhnlich recht kooperativ.

Umlenken

Vermeiden Sie Ärger, indem Sie einen Handel vorschlagen, oder versuchen Sie es mit Bestechung: »Ich kaufe dir ein paar Pommes Frites an der Ecke, wenn du mir jetzt hilfst und in deinen Autositz kletterst.« So können Sie viele Konflikte umgehen. Wenn zwei Kinder um ein Spielzeug streiten, können Sie anbieten, daß jenes, das warten muß, hinterher länger damit spielen darf.

Kinder können lernen, sich abzuwechseln, sie können lernen, sich nach einer Uhr zu richten, und sie können lernen, sich auch so miteinander arrangieren, daß mehrere Kinder mitspielen können.

Manchmal ist auch Langeweile die Ursache allen Übels. Lenken Sie die Aufmerksamkeit Ihres Kindes auf etwas Neues, und bald wird es wieder »das Problem lösen«.

Ein Gutteil der »Aufsässigkeit« von Kindern kommt daher, daß sie nicht wissen, wie sie etwas besser machen können. Greifen Sie Ihre Kinder nicht an, wenn sie etwas falsch machen, sondern versuchen Sie, ihnen beizubringen, wie es richtig ist.

Stellen Sie sich mehrere Familien vor, die zusammen am Strand ein Picknick veranstalten. Ein Achtjähriger schnappt sich die letzten drei Hühnerbeine. Ein Vater verscheucht ihn lachend mit der Suppenkelle und ruft: »Behalt' bloß deine Finger bei dir«. Das ist zwar gut gemeint, wird aber kaum ein anderes Verhalten bewirken. Ein anderer sagt: »Stop, du hast nicht gefragt, ob sonst noch jemand etwas möchte. Iß erst einmal ein Hühnerbein! Später fragst du, ob du noch ein Stück haben darfst.«

Sie sind derjenige, der Ihren Kindern beibringt, was gute Manieren sind. Woher sonst sollen sie es lernen?

Notwendige Auseinandersetzungen

Wenn alle oben geschilderten Methoden nicht gefruchtet haben, so kann das bedeuten, daß Ihr Kind eine Kraftprobe sucht. Warum nicht? Kinder müssen sich immer wieder einmal neu orientieren und herausfinden, wo sie stehen und wer der »Boß« ist. Jetzt ist »Stillstehen und nachdenken« gefragt. Schließlich geht es den Kindern ziemlich gut, und es ist nur recht und billig, ihnen hier und da Mitwirkung abzuverlangen, auch wenn ihnen das nicht gefällt.

Ob es sich darum dreht, ein Spielzeug zu teilen, sanft miteinander umzugehen, Worte und nicht Hiebe zu gebrauchen, Geduld zu üben, zu helfen, in Notfällen bedingungslos zu gehorchen oder zu lernen, sich bei einem Spiel in die Gruppe einzufügen – immer wird »Stillstehen und nachdenken« und dann »Das Problem lösen« Kinder davon abhalten, ihrem allerersten Impuls zu folgen. Sie werden die Sache durchdenken und dann ein Vorgehen wählen, das zum Erfolg führt. Es geht nicht darum, sie in ihren Aktivitäten zu hemmen, sondern ihnen zu mehr Erfolg zu verhelfen.

»Du wolltest also mit den anderen spielen?« – »Ja.« – »Und deshalb hast du sie mit Steinen beworfen?« – »Ja.« – »Hast du gemerkt, daß du das Gegenteil erreicht hast, daß sie deswegen gerade nicht netter geworden sind?« – »Hm.«

Vom Kleinkind zur netten Person in nur drei Jahren

Kinder großzuziehen gestaltet sich einfacher, wenn man ein Etappenziel vor Augen hat. Denken Sie also in kleinen Schritten: Momentan arbeiten Sie daran, Ihr Kind bis zum Alter von sechs Jahren so weit geformt zu haben, daß es als zivilisiertes kleines Wesen in die Schule gehen, Freunde besuchen, mit anderen Kindern zurechtkommen und höflich mit Erwachsenen umgehen kann. Es wird dann immer noch sehr viel lernen müssen, aber es wird eine gute Grundlage dafür haben.

Ein Kleinkind, das daran gewöhnt ist, immer der Mittelpunkt der Welt zu sein, tritt mit einer Haltung wie der auf dem linken Plakat der nebenstehenden Illustration in die Welt. Bei einem Baby ist das noch vertretbar, ja sogar notwendig und gesund, aber diese Haltung kann kein Programm fürs ganze Leben sein. Das Ziel ist, diese Babys so zu erziehen, daß sie mit sechs Jahren zu einer Einstellung gegenüber sich und der Umwelt gelangen, die derjenigen auf dem rechten Plakat entspricht. Dann sind sie reif genug für die Schule.

Vergessen Sie dabei nie, daß Ihr Kind im Grunde gerne nett, freundlich und kooperativ sein will, Sie müssen ihm nur hier und da behilflich sein. Sie werden viele Schritte oft wiederholen müssen, aber gleichzeitig werden Sie bemerken, wie die Entwicklung Ihres Kindes stetig Fortschritte macht.

Und vor allem: Achten Sie bei allen Auseinandersetzungen darauf, daß der Spaß nicht zu kurz kommt, und gönnen Sie sich und Ihrem Kind auch entspannte und schöne Zeiten.

Alle Kleinkinder sind schwierig, aber muß man sich ihnen gegenüber unbedingt und in jedem Fall durchsetzen, nur weil sie voller Willenskraft stecken? Andererseits - Nachgeben ist auch nicht das Wahre, denn das vermittelt den Kindern nur den Eindruck, als ob sie nur zu weinen und zu jammern bräuchten, um ihren Willen zu bekommen. Es gilt also, liebevoll *und* standhaft zu bleiben.

Zur Standfesten Liebe finden

Hat Ihr Kind das Alter von anderthalb oder zwei Jahren erreicht, so ist in zunehmendem Maße Standfeste Liebe gefragt. Die »Aufsässigkeit«, die dann beginnt, kann für die Eltern, die immer noch auf Harmonie und Frieden programmiert sind, eine sehr unangenehme Erfahrung sein. Das süße, wenn auch anspruchsvolle Bündel von Baby verwandelt sich plötzlich in einen kleinen, wildgewordenen Kriegspanzer auf zwei Beinen.

Sie kommen nicht um einen geistigen Wandel herum. Als Eltern eines Kleinkindes müssen Sie realisieren, daß das Programm der letzten achtzehn Monate sich nun radikal ändert: Sie müssen Ihrem Baby jetzt nicht mehr nur Zufriedenheit verschaffen, sondern es, wenn Sie Ihre Erziehungsaufgabe ernst nehmen, mit Ihrer Standhaftigkeit manchmal regelrecht unglücklich machen. Am Anfang kann sich dies einige Dutzend Male täglich abspielen, begrenzen Sie aber jede Situation auf wenige Minuten.

> **Meistens verhilft Ihnen Ihr kleiner Racker** von ganz allein zu genügend Standfestigkeit, weil er bzw. sie in der Regel ganz besonders unerhörte Einfälle hat: Wenn Sie Ihr Kind dabei ertappen, wie es den Kühlschrank komplett ausräumt oder in einen Blumentopf klettert, wird es Ihnen nicht schwerfallen, diesen Unsinn mit fester Hand zu unterbinden.

Sie brauchen eine Haltung, die nach außen unnachgiebig ist und Ihr Inneres doch entspannt sein läßt. Geben Sie Ihrem Kind nie das Gefühl, daß es süß anzusehen ist, wenn es sich trotzig oder ungezogen verhält.

Es wird Wochen dauern, bis solch ein Schaden wieder behoben ist. Senken Sie Ihre Stimme, setzten Sie eine ernste

Miene auf, aber handeln Sie mit dem guten Gefühl, daß diese Lektion Ihrem Kind nur gut tun wird.

> **Sanfte Liebe öffnet die Seele der Kinder,** Standfeste Liebe verleiht ihnen Rückgrat, so daß sie der Welt, in der sie aufwachsen, kraftvoll und mit klarem Blick begegnen können.

Nachgeben um des lieben Friedens willen?

Einmal probte meine zweijährige Tochter im Supermarkt so den Aufstand, daß ich mich kurzerhand entschloß, sie aus dem Wagen zu heben und neben mir her durch die Gänge laufen zu lassen. Das war ein fataler Fehler: Sie drehte nicht nur völlig durch, sondern sie erwartete auch das gleiche bei den nächsten vier Einkaufsfahrten. Kleinkinder haben ein Gedächtnis wie Elefanten!

Manchmal wollen wir es uns leicht machen. Aber Kinder ziehen daraus den Schluß, daß sie immer noch mehr fordern können, wenn sie nur lang und laut genug jammern und heulen. Versetzen Sie sich in die Situation eines Zweijährigen. In seinem ersten Lebensjahr drehte sich alles um ihn. Was er wollte, bekam er. Nun haben seine Wünsche jedoch eine andere Dimension angenommen.

Es genügt nicht mehr, wie früher ihn zu füttern, zu knuddeln und seine Windeln zu wechseln; statt dessen will er den Hund in Ihre Seidenstrumpfhosen stecken, mit Shampoo und Schaumfestiger das Badezimmer in eine Rutschbahn verwandeln oder mitten im brausenden Straßenverkehr spielen. Schon um seiner selbst willen müssen Sie ihm Einhalt gebieten.

Die Lektion aber, die ein Zweijähriger hierbei lernt, gehört zu den wichtigsten im Leben: »Auch wenn wir dich herzlich lieben und annehmen, bist du dennoch Teil einer Gemeinschaft und mußt dich mit den anderen Menschen deiner Umgebung arrangieren.«

Liebenswerte Kinder,
Schritt für Schritt

Hanna, eine Seminarteilnehmerin, sprach es offen aus: »Ich kann Kinder nicht leiden. Ich habe zwar selbst drei, aber ich mag sie trotzdem nicht!« Hier stehen wir vor einem echten Problem. Denn wenn Hanna ihre Kinder schon unausstehlich findet, wie soll jemand anderes sie erst gerne haben? Es ist ihre Aufgabe, sie in liebenswerte Geschöpfe zu verwandeln.

Um ihr zu helfen, gingen wir ins Detail. Wie müßten sich ihre Kinder verändern, damit Hanna sie wieder liebhaben könnte?

1 Ihre Zweijährige sollte aufhören zu schlagen und zu beißen.

2 Ihr Vierjähriger sollte das Heulen und Jammern ablegen.

3 Ihr Fünfjähriger sollte lernen, bei der ersten Aufforderung zu tun, was von ihm verlangt wird.

Sanfte Liebe kommt vor Standfester Liebe, aber Hanna war zu erschöpft dafür und benötigte wenigstens einen Tag in der Woche Zeit für sich selbst und mehr Unterstützung von ihrem Ehemann. Das Paar beschloß, einander mehr Liebe und Aufmerksamkeit zu schenken und zusammen die Methoden der Standfesten Liebe zu üben, um sich so gegenseitig besser unterstützen zu können. Er würde dafür seine Arbeitszeit von fünfzig auf fünfundvierzig Stunden in der Woche reduzieren, denn auch er würde gerne mehr Zeit zu Hause verbringen, wenn seine Kinder sich gut benähmen.

Als wir Hanna nach sechs Monaten wiedertrafen, wirkte sie viel entspannter und friedlicher. Zwar bestand ihr Leben nach wie vor aus harter Arbeit, aber sie ging sanfter mit sich selber um und hatte das Gefühl, wesentlich besser mit ihren Kindern zurechtzukommen.

Wie früh kann man mit Disziplin beginnen?

Diszipliniertes Verhalten ist eine Leistung, die man einem Kind abverlangt. Je nach Alter ist das Kind mehr oder auch weniger dazu imstande. Wenn Sie das im Auge behalten und sich zugleich bewußt machen, wieviel Disziplin man in welchem Alter von einem Kind erwarten kann, werden Sie keine Schwierigkeiten mit der Disziplinierung Ihrer Kinder bekommen.

Babys

Der kleine Lukas braucht noch keine Disziplin. Er ist vier Monate alt und kann noch nicht einmal krabbeln. Er lächelt, spielt mit seiner Rassel und versucht, Gegenstände zu greifen. Er weint auch, viele Male im Laufe eines Tages, denn er ist ein ganz normales Baby, und normale Babys machen sich so bemerkbar. Seine Bedürfnisse sind einfacher Natur: Er weint, wenn er hungrig ist, sich einsam fühlt, wenn seine Windeln naß sind, wenn sein Bauch schmerzt und wenn er Langeweile hat.

Da kommt schon einiges an Tränen zusammen, aber wenn seine Eltern eine gute Antenne für ihn haben, dann wissen sie schnell, was los ist, und die Sache ist im Nu erledigt.

Lukas' Vater erzählt uns, daß er sein Baby ziemlich anstrengend fand: »Am schwierigsten war es, ihn wieder zum Schlafen zu bringen. Ich mußte ihn immer auf meine Schulter legen und einmal mit ihm um den Block spazieren. Eines nachts um vier wurde ich von einem Polizisten angehalten, der mich für einen Einbrecher mit seiner Beute hielt.«

Babys bereiten viel Arbeit, aber sie sind nicht ungezogen. Sie tun ihre Bedürfnisse kund und brauchen nicht Disziplin, sondern Verständnis. Und die Eltern solch kleiner Kinder brauchen vor allem Schlaf!

Kleinkinder

Babys entwickeln sich schnell, nach kurzer Zeit krabbeln sie, und schließlich fangen sie an zu laufen. Sie zupfen und zerren, fingern und knabbern an allem herum, was ihnen unter die Augen kommt. Das ganze untere Drittel des Hauses ist nicht mehr sicher vor ihnen. Außerdem entdecken sie, daß man mit Worten wie »Haben Teddy«, »Schmusen« oder »Flasche« Dinge in Bewegung setzen kann.

Mit seinen neuen Fähigkeiten und seiner wachsenden Mobilität fängt Ihr Kind aber auch an, Dinge zu tun oder zu verlangen, denen Sie unmöglich nachgeben können. Und schon ist sie da, die »Ungezogenheit«.

Ein Baby ist nicht absichtlich ungezogen, bei einem Kleinkind verhält es sich jedoch oftmals ganz anders. Mit einem unverfrorenen Grinsen, das soviel heißen soll wie: »Na, und was machst du jetzt?«, wird es sich wieder auf den Weg zu einem verbotenen Gegenstand oder Ort machen. Ihr »Nein« wird mit einem weiteren Lächeln quittiert: »Dann halt mich doch auf!«

Kleinkinder treffen immer ins Schwarze, finden immer Dinge, die Sie besonders aufregen, weil sie tief im Inneren gebremst werden wollen. Es ist eine unbewußte Botschaft, die lautet: »Ich brauche Grenzen, Mami und Papi, bitte bewahrt mich vor mir selbst!« (Diese Botschaft kennen wir auch von Teenagern, mit denen wir uns noch weiter unten befassen wollen.)

Es ist nicht immer nur reine Rebellion (manchmal allerdings schon). Oft sind Kleinkinder auch einfach mit den Dingen des täglichen Lebens überfordert. Sie sind hungrig oder müde, und das Beste, das man für sie tun kann, ist, ihnen etwas zu essen zu geben oder ihnen ein wenig Schlaf zu verordnen. Wenn ein Kleinkind sich gegen den Autokindersitz sträubt, so mag der Grund dafür darin liegen, daß im Garten gerade etwas viel Interessanteres passiert, und wenn es unbedingt unter den Eßtisch krabbeln muß, will es vielleicht feststellen, was der große Bruder gerade ißt.

Verständnisvolle Eltern arbeiten mit allen Tricks, um ihren Knirps bei Laune zu halten, und meistens ist auch genau das gefragt.

Eine Mutter gab mir einmal den Tip, meinem Kind im Supermarkt etwas zu essen zu geben, das gut schmeckt und es möglichst lange beschäftigt. Das schont die Nerven und verhilft einem zu zwanzig ruhigen Minuten, um einzukaufen.

Dennoch gibt es auch Situationen, in denen die Kinder ohne Wenn und Aber folgen müssen. Im Kleinkindalter hat Standfeste Liebe Hochkonjunktur.

Vorschul- und Grundschulkinder

Wenn Kinder das Kleinkindalter hinter sich gelassen haben, werden Sie (Gott sei Dank) erheblich seltener die Technik von »Stillstehen und nachdenken« einsetzen müssen. Ihr Kind wird in den meisten Fällen gleich »das Problem lösen«

wollen. Hören Sie sich seine Sicht der Dinge an, lassen Sie sich erzählen, was es gerade vorhatte oder brauchte – oft genug haben Kinder gute Gründe für ihr Handeln. Wenn Ihr Kind überzeugende Argumente hat, können Sie getrost darauf verzichten, ihm irgendwelche Dinge aufzutragen, nur damit Sie die »Oberhand« behalten.

Im Großen und Ganzen wird »Stillstehen und nachdenken« nur noch dann nötig sein, wenn ein Kind besonders »gedankenlos« oder »stur« handelt. Versuchen Sie aber immer, die Beweggründe für sein Handeln herauszufinden, und seien Sie standfest, aber wohlwollend, damit Ihr Kind weiß, daß Sie helfen und nicht strafen wollen.

Teenager

Entgegen einer weitverbreiteten Meinung sind Jugendliche wunderbare, kooperative Menschen mit interessanten und hörenswerten Ansichten. Aber sie benötigen immer noch viel Anteilnahme, die sich auch schon einmal in einer Auseinandersetzung ausdrücken kann. Es ist auf keinen Fall richtig, mit physischen Mittel vorzugehen, außer in echten Notfällen und dann mit professioneller Hilfe. Aus »Stillstehen und nachdenken« wird »Zusammensitzen und reden«. Und daraus könnte sich folgender Dialog entwickeln:

>»Wann bist du gestern nach Hause gekommen?«
>
>»Hm, so gegen eins.«
>
>»Das habe ich gemerkt. Was hatten wir denn ausgemacht?«
>
>»Zwölf Uhr, glaube ich, aber ich konnte keine Mitfahrgelegenheit finden. Die anderen wollten unbedingt noch bleiben.«
>
>»Also, du konntest keine Mitfahrgelegenheit finden und hast dich deshalb verspätet?«
>
>»Ja, kann ich jetzt fernsehen?«
>
>»Immer mit der Ruhe! Wieso hast du mir etwas versprochen, was du nicht einhalten konntest?«
>
>»Ich kann die anderen doch nicht dazu zwingen, mich nach Hause zu bringen!«
>
>»War dir das klar, als du mir das Versprechen gegeben hast?«
>
>»Hm, na ja, so klar war mir das nicht.«
>
>»Also hast du ein Versprechen gegeben, das du nicht wirklich einhalten konntest.«
>
>»Ja, sieht wohl so aus.«
>
>»Also, wie können wir das in Zukunft regeln? Du willst doch weiterhin abends ausgehen, oder?«
>
>»Ja, schon!«

Und so fort ...
Im Gehirn eines etwa dreizehnjährigen Teenagers wird so ziemlich alles noch einmal neugeordnet. Die Pubertät setzt

ein und macht ihn in gewisser Weise noch einmal zu einem Neugeborenen. Er wird vergeßlich und wirr und scheint »neben sich zu stehen«. Der positive Aspekt dieser Veränderungen ist, daß ein solcher junger Mensch auch »weicher« wird. Dreizehnjährige können liebevoll und zutraulich sein – und man hat die Chance, sich ihnen zu nähern und neue Bande zu knüpfen.

Vor allem, wenn Sie diesem jungen Menschen nicht viel Zeit widmen konnten, als er noch ein Baby war, ist dies die Gelegenheit, mehr Nähe herzustellen.

Genießen Sie diese Phase, denn die etwas orientierungslosen und anlehnungsbedürftigen Dreizehnjährigen verwandeln sich in Kürze in stürmische Vierzehnjährige. In ihrem emotionalen Verhalten erinnern Vierzehnjährige an Kleinkinder; sie testen ihre Grenzen, fordern Sie heraus und brauchen Sie als Reibungswiderstand. Sie dürfen sie auf keinen Fall ignorieren. Zwar verlangen sie nun Unabhängigkeit, aber gleichzeitig müssen sie lernen, verantwortungsvoll und umsichtig zu handeln. Hierbei ist Ihre Mitwirkung entscheidender als je zuvor.

Bei den Vierzehnjährigen wird Standfeste Liebe also wieder unbedingt gebraucht, nur die Inhalte sind andere. Jetzt geht es darum, abends pünktlich nach Haus zu kommen, die Kleider ordentlich aufzuräumen, hier und da mal für die Familie zu kochen und Versprechen und Abmachungen einzuhalten.

Die Methoden, die Sie einsetzen, sind zwar andere als bei Kleinkindern, aber das Prinzip bleibt das gleiche: Sie denken: »Ich habe eine feste Haltung, damit du lernst, wie ein verantwortungsvoller Mensch zu handeln und in der Wirklichkeit zu bestehen«, und Sie sagen: »Wer nicht spült, bekommt kein Essen!«

Der Umgang mit Teenagern ist ein weites Thema, und wir können es hier nur an der Oberfläche berühren. Wenn Sie Ihren Kindern jedoch vom Kleinkindalter an mit Sanfter Liebe und mit Standfester Liebe begegnet sind, dann stehen Sie auf festem Boden und können den Stürmen der Jugend gelassen entgegensehen.

Typische Fragen von Eltern zu »Stillstehen und nachdenken« und »Das Problem lösen«

Frage   Was kann ich tun, wenn ich es bisher versäumt habe, meinem Kind Disziplin beizubringen, und es sich furchtbar ungezogen aufführt? Ich habe alles versucht, aber ohne Erfolg.

Antwort   Wenn Sie »Stillstehen und nachdenken« bei einem sehr ungehorsamen Kind einführen wollen, dann lassen Sie sich Zeit, bis Sie so weit sind. Handeln Sie, wenn Sie sich im Vollbesitz Ihrer Kräfte befinden, genau wissen, was Sie erreichen wollen und ein Helfer zugegen ist.

Wenn ein Problem auftritt, so geben Sie zuerst dem Kind Gelegenheit, es zu beheben. Wenn es nicht dazu bereit ist, so erklären Sie ihm, daß Probleme ab heute auf eine neue Weise gelöst werden. Führen Sie es zu der Stelle, die Sie ausgewählt haben, und sagen Sie etwas wie: »Du hast deine Schwester gehauen / mit Kuchen um Dich geworfen /... und mußt jetzt hier stehen und darüber nachdenken.« Halten Sie das Kind fest, wenn es sich davonmachen will.

Stellen Sie sich auf einige Szenen ein. Für ein älteres Kind, das gewohnt ist, seinen Kopf mit aller Gewalt durchzusetzen, ist das ein ordentlicher Schock. Aber bleiben Sie trotz allen Geschrei und aller Kämpfe standfest, und ignorieren Sie die Schweißperlen, die sich auf Ihrer Stirn bilden. Bleiben Sie fest, ohne dem Kind weh zu tun. Sagen Sie: »Ich lasse dich sofort los, wenn du friedlich bist«, und handeln Sie auch entsprechend, sobald es einlenkt.

Machen Sie es dem Kind nicht zu schwer und geben Sie sich beim ersten Mal mit einem kleinen Zugeständnis zufrieden – einer kurzen Entschuldigung oder einem echten Versuch dazu. Es wird sich wieder beruhigen und mitmachen, und anschließend können Sie es für sein neues Verhalten loben. Erholen auch Sie sich von der Strapaze und legen Sie sich einen Augenblick hin, wenn Ihnen danach ist. Beim nächsten Mal wird es schon viel besser gehen, und bald wird Ihr Kind dieses Stadium hinter sich lassen. Dann genügt ein kurzer Aufruf zum Nachdenken, und es wird tun, was von ihm erwartet wird.

Frage   Soll ich mein Kind festhalten, wenn es nicht in der Zimmerecke stehen bleiben will?

Antwort   Erlauben Sie ihm zu sitzen oder zu liegen, wenn es sehr klein ist (anderthalb oder zwei Jahre alt) – solange es sich nicht vom Fleck rührt. Bleiben Sie in der Nähe und fangen Sie es gegebenenfalls wieder ein. Das wird jedoch höchstens ein- oder zweimal nötig sein. Wenn Ihr Kind gesprächsbereit ist, bitten Sie es, aufzustehen und sich zu Ihnen umzudrehen. Ein älteres Kind sollte mit dem Gesicht zur Wand stehen und nicht angelehnt sein. Das hilft ihm physisch, bei der Sache zubleiben. So kann es sich im wahrsten Sinne des Wortes nicht um die Aufgabe »herumdrücken«, sondern muß sich ihr aufrecht stellen. Erklären

Sie, daß Sie nur unter diesen Bedingungen bereit sind, mit ihm zu reden.

Frage Wie alt sollte ein Kind sein, wenn man die Methode des »Stillstehen und nachdenken« anwenden will?

Antwort Damit Sie diese Methode sinnvoll anwenden können, sollte Ihr Kind über ein gewisses Sprach- und Verständnisvermögen verfügen. Wenn es »Entschuldigung« oder »Nicht hauen!« sagen kann, dann hat es verstanden. Sagen Sie ihm, daß es nun hervorkommen und sich mit etwas Schönerem beschäftigen darf. Sie können es auch kurz in den Arm nehmen und beruhigen, aber machen Sie kein zu großes Aufhebens davon. Die Sache ist vorüber, und das Leben geht weiter. Bis das Kind diese Sprachfähigkeit hat, müssen noch Baby-Methoden angewendet werden, z. B. »Umlenken«.

Frage Warum soll das Kind stehen und warum in einer Ecke?

Antwort Die Gründe dafür sind simpel. Mit dem Gesicht zur Wand in der Ecke zu stehen schützt vor Ablenkung und hilft dem Kind, sich zu konzentrieren. Es ist langweilig, eine Wand anzuschauen, und die Beine werden binnen einer Minute müde, wenn man nur stillsteht.

Sinn der Übung ist es nicht, dem Kind Demütigung oder Schmerz zuzufügen, vielmehr soll das Kind dazu motiviert werden, das Problem selbst zu lösen, um sich aus seiner Zwangslage zu befreien. Sagen Sie zu ihm: »Du brauchst dich überhaupt nicht schlecht zu fühlen, du sollst nur darüber nachdenken, was du hättest besser machen können. Wenn du das herausgefunden hast, reden wir miteinander, und du kannst aus der Ecke hervorkommen.«

Ist es für Ihr Kind erst selbstverständlich geworden, daß es stillstehen muß, wenn Sie es verlangen, so können Sie auf die Wand oder Ecke verzichten, wenn Sie nicht zu Hause sind. Sagen Sie ihm einfach: »Steh' hier still und denk' nach!«

Frage Mein Kind entschuldigt sich zuerst, macht dann aber ungerührt mit derselben Sache weiter.

Antwort Mit zunehmendem Alter wird ein Kind immer raffinierter – das ist ein Zeichen von Klugheit. Machen Sie sich auf folgende Versuche, sich der Auseinandersetzung mit Ihnen zu entziehen, gefaßt: »Ich kann nicht stillstehen und nachdenken, ich muß auf die Toilette.« – »Du verstehst mich nicht.« – »Du hast mich nicht lieb.« – »Ich hab's vergessen.«

Lassen Sie sich nicht an der Nase herumführen! Das Kind muß Sie davon überzeugen (bevor Sie es gehen lassen), daß es den Vorfall

ENTSCHULDIGUNG!

Dieses Kind bereut nichts.　　Dieses Kind ist gesprächsbereit.

wirklich bereut und sich bessern wird. Achten Sie auf seine Körpersprache und hören Sie beim »Das Problem lösen« gut zu, dann werden Sie bald wissen, woran Sie sind.

Frage Kann man diese Methode auch in Schulen anwenden?

Antwort Ja, aber nur mit einigen wesentlichen Modifizierungen. »Stillstehen und nachdenken« wäre demütigend vor anderen Menschen als denen im eigenen familiären Umfeld. Viele Grundschulen, denen wir das Konzept vorgestellt haben, arbeiten mit einem »Denkplätzchen«. Das kann ein Stuhl, eine Matte, ein Hocker oder ein Strohsack sein. Das Denkplätzchen ist nicht weiter bemerkenswert und sollte auch keinen herabsetzenden Namen wie »der böse Stuhl« tragen. Vom Denkplätzchen wird in gleicher Weise Gebrauch gemacht wie von der Ecke. Es entfernt das Kind vom Ort seiner Handlung, gibt ihm Zeit und Motivation nachzudenken. Gleichzeitig sollte es aber nah genug sein, damit man an der Körpersprache des Kindes erkennen kann, ob es gesprächsbereit ist.

Dann sollte sich möglichst bald ein Lehrer oder eine andere Autoritätsperson mit dem betreffenden Kind befassen, denn es dient keine Strafe ab. Ein Kind, das sich aufspielt, braucht Ihre Aufmerksamkeit. Entsprechen Sie diesem Bedürfnis, indem Sie mit ihm über das Vorgefallene sprechen. Schenken Sie ihm Ihre Aufmerksamkeit, vor allem bei dem Bemühen, eine Sache richtig zu machen.

In der Schule kann auch ein Gesprächsrunde mit allen beteiligten Kindern auf einer Decke oder an einem Tisch hilfreich sein. So kann man die Fähigkeit, Konflikte zu lösen, schulen.

Was ist von den alten Disziplinierungs- techniken zu halten?

In den letzten fünfzig Jahren hat es eine allmähliche Weiter-entwicklung von Disziplinierungstechniken gegeben. Vier typische Vorgehensweisen prägten und prägen die Art der Erziehung bis in unsere Zeit:

Schlagen und wehtun

Dies war die traditionelle Erziehungsmethode. Kinder wur-den in Angst und Schrecken versetzt, und jede Form von Zu-neigung wurde im Keim zu erstickt.

Kinder, die häufig geschlagen wurden, endeten als veräng-stigte oder gebrochene Wesen, oder sie wurden so wütend, daß sie zurückschlugen. Oftmals bekamen später auch ihre Kinder und Frauen die Wut, die sich in ihnen aufgestaut hat-te, zu spüren.

Methoden körperlicher Gewaltanwendung sind schädlich und wirkungslos. In manchen Ländern sind sie per Gesetz verboten.

Schuldzuweisungen und Vorwürfe

Als Eltern in den fünfziger Jahren mit Recht begannen, kör-perliche Züchtigungen als Erziehungsmittel abzulehnen, man-gelte es ihnen an Ersatztechniken und oft auch an der Fähig-keit, ein konstruktives Gespräch zu führen. Also versuchten sie es mit Schuldzuweisungen und Vorwürfen, sie beschimpf-ten ihre Kinder als die nichtswürdigsten Wesen unter der Sonne und flößten ihnen Angst ein. Die jungen Erwachse-nen wurden mit einem angeschlagenen Selbstbewußtsein und einer tief verletzten Seele ins Leben entlassen.

Dieses Vorgehen führte sich selbst ad absurdum. Oft nah-men die Kinder genau das an, was ihnen ihre Eltern vorge-worfen hatten – sie wurden faul, dumm, egoistisch, fett und vieles Negatives mehr. Kinder, die eine solche Erziehung

durchlebt hatten, entwickelten sich entweder zu deprimier-
ten und schuldbeladenen oder rebellischen und boshaften
Erwachsenen.

Belohnungen und das Erfahren von Konsequenzen

Eine viel liebevollere und auch zielführendere Methode ist
die der Belohnung und der spürbaren Konsequenzen. Viele
Eltern unserer Zeit setzen sie inzwischen sehr erfolgreich ein.

Mit der Methode der Belohnung kann man versuchen,
sein Kind in seinem positiven, d.h. erwünschten Verhalten
zu bestärken. Das Kind wird dieses Verhalten mit der elterlichen Anerkennung in Verbindung bringen und sich in seinem zukünftigen Verhalten an dieser Erfahrung orientieren.

Ein hübsches Beispiel für Belohnungen ist das Verteilen
sogenannter »Sternchen«. Immer wenn ein Kind das ge-
wünschte Verhalten zeigt, bekommt es ein solches Sternchen. Am Ende eines festgesetzten Zeitraumes gibt es eine
kleine Belohnung.

Diese Methode ist in vielerlei Hinsicht effektiv, weil sie einerseits das Augenmerk der Eltern auf das Positive lenkt und
andererseits dem Kind ein greifbares Ziel vor Augen führt.
Bei manchen Kindern kann man damit sehr gute Resultate
erzielen. Man kann zu ebenso guten Ergebnissen kommen,
wenn man sein Kind in ein Netz von Belohnung und Pflicht
einbindet, wenn man ihm also die Gelegenheit gibt, sich neben den häuslichen Aufgaben, die immer erledigt werden
müssen, mit kleinen Extrajobs das Taschengeld aufzubes-
sern. Dieser Weg wird in vielen Familien mit Erfolg praktiziert und ist so etwas wie ein Training für die reale Welt.

Ebenso wirkungsvoll kann es sein, wenn das Kind deutlich
die praktischen Konsequenzen seines Fehlverhaltens zu spüren bekommt: selbst die Laken zu wechseln, wenn es ins Bett
gemacht hat, oder die Standpauke über sich ergehen lassen
zu müssen, wenn es zu spät zur Schule kommt.

Mit zunehmendem Alter lernen Kinder, aus den Folgen ihres Handelns Schlüsse zu ziehen. Dabei ist es aber von großer
Bedeutung, daß die Eltern das auch zulassen.

Aber auch dieses Vorgehen hat natürlich seine Grenzen. Ein Kind die Folgen davon spüren zu lassen, daß es auf die Straße läuft, ist selbstredend kein guter Einfall!

»Timeout«

Die Methode des »Timeout« schließlich ist die jüngste Methode der modernen Erziehung. Sie wird von vielen Erziehungsfachleuten empfohlen. Mit »Timeouts« sind die Minuten gemeint, für die man ein Kind in sein Zimmer schickt, damit es sich wieder beruhigen kann. In der Tat hat dieses Verfahren manches Kinderleben geschont, denn es gibt auch den Eltern Gelegenheit, ihre Fassung zurückzugewinnen. Es ist also ein strategisches Mittel, das irgendwann jedem von Nutzen sein kann. Ich wende es bei Kleinkindern an, wenn ich zornig bin und ein wenig Ruhe brauche. Aber unter pädagogischen Gesichtspunkten taugt es wenig, denn das Kind

kann dabei nichts lernen und wird auch nicht zum Nachdenken angeregt.

Damit Sie sich ein besseres Bild von dieser Methode machen können, habe ich Ihnen hier die Äußerungen einiger
Eltern zusammengestellt: »Die Methode des ›Timeout‹
funktioniert nicht, weil mein Kind sich im Kinderzimmer
mit seinen Spielsachen bestens amüsiert.« – »Wenn wir unser Kind für ein ›Timeout‹ ins Zimmer schicken, haut es alles kurz und klein und klettert dann aus dem Fenster.« –

Die wesentlichen Unterschiede zwischen »Timeout« und »Stillstehen und nachdenken« sind:

1 »Stillstehen und nachdenken« wirkt schneller. Wenn
Sie sich in dem Raum aufhalten, in dem Ihr Kind in
der Ecke steht, können Sie sofort erkennen, wann der
Denkprozeß abgeschlossen ist. Das fördert eine zügi-
ge Lösung des Problems.

2 Es gibt keine Ablenkungen. Das Kind bleibt am Fleck,
bis es die Denkaufgabe, die Sie ihm gestellt haben,
gelöst hat. Auf diese Art und Weise kann es sich dem
Problem nicht entziehen.

3 »Stillstehen und nachdenken« ist keine Strafe. Es ist
eine Zeit zum Nachdenken und Lernen. Es ruft keine
Ablehnung hervor, und es liegt in der Hand des Kindes, die Sache zu beenden, indem es Kooperationsbereitschaft signalisiert. Das dauert meistens nur ein
oder zwei Minuten.

4 »Das Problem lösen« stellt Nähe her und nicht Distanz.
Ungezogene Kinder brauchen keine Isolation. Für gewöhnlich fehlt ihnen intensiverer Kontakt. Das »Ver-
nünftigsein«-Gespräch macht Ihrem Kind deutlich,
daß Sie Anteil nehmen und zur Lösung des Problems
beitragen wollen.

»Die ›Timeouts‹ sind gut für mich, weil ich mich wieder beruhigen kann, aber das Verhalten meines Kindes ändert sich dadurch nicht und wiederholt sich bei nächster Gelegenheit.«

Es zeigt sich, daß auch das Verfahren des »Timeout« keine vollständige Lösung darstellt.

Wir empfehlen, nur dann mit Timeouts zu arbeiten, wenn die Gefahr besteht, daß Sie Ihr Kind schlagen, oder wenn Sie aus anderen Gründen unbedingt eine Unterbrechung brauchen. Sie können diese Methode benutzen, um Schlimmeres zu verhindern: »Ich glaube, wir beruhigen uns erst mal. Geh' bitte in dein Zimmer und spiel' leise für dich allein.«

Anschließend können Sie immer noch ein »Das Problem lösen«-Gespräch führen, um sicherzustellen, daß sich in Zukunft etwas ändert.

Älteren Kindern bei Gewissensentscheidungen helfen

Ältere Kinder haben manchmal weniger mit Fragen der Disziplin als mit moralischen Problemen zu kämpfen. Ihnen liegt natürlich daran, daß Ihr Kind selbst die richtige Entscheidung trifft. Sie können Ihrem Kind nicht Ihre Werte verordnen, aber Sie können ihm helfen, alle Aspekte seines Verhaltens zu erfassen. Langfristig wird es dann auch ohne Ihre Hilfe in der Lage sein, richtig zu handeln, weil es selbst an diese Werte glaubt.

> **Die neunjährige Sarah** wurde von einer Freundin zu einer Pyjamaparty eingeladen und nahm die Einladung freudig an. Die eher schüchterne Freundin freute sich sehr über Sarahs Zusage – denn es waren nur drei Mädchen eingeladen.
>
> Völlig unerwartet erhielt Sarah von einer anderen Freundin eine zweite Einladung – zu einem Zeltwochen-

ende –, die sich zeitlich mit der ersten überschnitt. Sarah wäre liebend gerne zum Zelten gefahren, aber dann hätte sie dem anderen Mädchen absagen müssen. Ihre Eltern übten keinen Druck auf Sarah aus, denn sie wußten wohl, daß das nur Schmollen zur Folge gehabt hätte. Statt dessen besprachen sie den Kern des Problems mit ihrer Tochter, nämlich, daß man

1   die Gefühle einer Freundin respektieren muß und
2   daß man eine einmal vereinbarte Verabredung einhalten sollte.

Die Eltern führten Sarah sanft vor Augen, daß die Aussicht auf etwas Besseres kein Grund dafür sein kann, jemanden zu enttäuschen, der auf einen zählt. Dennoch überließen sie Sarah die Entscheidung und versprachen, ihren Entschluß zu respektieren. Obwohl es ihr schwerfiel, sagte Sarah das Zeltwochenende ab und hatte dann viel Spaß bei der Pyjamaparty. Ihre Eltern waren stolz auf sie, weil sie echten Charakter bewiesen hatte.

Kinder und Teenager entscheiden nicht immer so, wie Sie es wünschen. Aber Fehler zu begehen gehört zum Lernprozeß. Und – wir wollen es doch einmal nüchtern betrachten! – besteht nicht auch die vage Möglichkeit, daß Sie selbst sich irren?

Ohrfeigen und Schläge? Eine wichtige Entscheidung, die alle Eltern fällen müssen

Es dämmert, und auf der Durchfahrtsstraße herrscht reger Abendberufsverkehr. Die Leute auf dem Gehsteig legen einen Schritt zu, weil es gerade zu regnen beginnt. Ein Kinderschrei erregt meine Aufmerksamkeit, und ich sehe eine junge Frau in einer Telephonzelle, die gleichzeitig versucht, ein Gespräch zu führen und ihren dreijährigen Knirps unter Kontrolle zu halten. Er will unbedingt mit dem plätschernden Regenwasser im Gully spielen, aber die Autos und Lastwagen fahren gefährlich nah an ihm vorbei.

Man spürt, wie frustriert die Frau ist, während sie abwechselnd mit ihrem Gesprächspartner am Telefon streitet und ihren kleinen Sohn anschreit, sie werde ihm schon noch »Benehmen beibringen«. Der Kleine kreischt und strampelt, bis der Mutter der Kragen platzt. Sie packt ihn an der Kapuze seines Anoraks und verpaßt ihm eine Ohrfeige, daß ihm ganz schwindelig wird.

Ein Einstellungswandel

Vor fünfzig Jahren war es ein alltäglicher Anblick, daß Kinder von ihren Eltern geschlagen wurden. Es geschah in der Öffentlichkeit, und kaum jemand nahm Notiz davon. Wenn heute Erwachsene ihre Kinder verprügeln, wird das genauso hart verurteilt, wie wenn Männer ihre Frauen schlagen. Ein blaugeprügeltes Kind ist heutzutage ein Fall für die Polizei, und achtzig Prozent aller Eltern sagen, daß sie ihrem Kind zwar gelegentlich ein Klaps geben, aber lieber darauf verzichten würden.

Es gibt aber immer noch Leute (mehrheitlich Männer), die einen Klaps oder auch einen etwas kräftigeren Schlag für durchaus angemessen halten, um schnelle Ergebnisse zu erzielen. Vielleicht ist es aber an der Zeit, daß jeder diese Erziehungsmethode neu überdenkt – insbesondere, da inzwischen Alternativen zur Verfügung stehen. Wir sind fest davon überzeugt, daß alle Eltern auf Klapse und Ohrfeigen verzichten würden, wenn ihnen bessere Methoden bekannt wären.

Sind Schläge und Klapse das gleiche? Ist ein Klaps nicht nur ein Mittel, um ein bißchen nachzuhelfen? Wenn ich einen Vortrag über Disziplin halte, begegnen mir häufig Beiträge folgender Art: »Ich habe oft Prügel bekommen, als ich klein war, aber es hat mir nicht geschadet.« Wenn ich mir anhöre, in welchem Brustton der Überzeugung dies vorgetragen wird, glaube ich aber eher, daß diese Schläge sehr wohl tiefe Spuren hinterlassen haben, die auch heute noch schmerzen. Vorzugeben, etwas täte nicht weh, ist die erste Reaktion eines Kindes, wenn es gedemütigt wurde. Und der Zorn, den es verbirgt, tritt später in vielfältiger anderer Form wieder zutage.

Wir wollen die Sache einmal ehrlich betrachten. Aus der Sicht des Kindes sind Schläge furchteinflößend und demütigend. Und für die Eltern ist es eine riskante Angelegenheit, weil die Grenze zwischen Klapsen und Prügeln so schmal ist und weil immer ein Gefühl der Unsicherheit besteht, denn kann man denn überhaupt mit Sicherheit sagen, daß man an seinem hilflosen Kind nicht nur eigene Aggressionen abreagiert? Wie können wir wissen, wann es genug ist?

Können wir ernsthaft behaupten, wir verprügelten ein Kind zu seinem Wohle? Und wenn wir es nur tun, um uns selbst Erleichterung zu verschaffen? Oder um uns zu rächen? Können wir guten Gewissens sagen, daß wir nur dem Kind böse sind, oder spielen sich nicht auch noch ganz andere Dinge in uns ab?

Die Wahrheit ist, daß Klapse oder Ohrfeigen zu keinem Ergebnis führen und bestenfalls eine kurzfristige Wirkung haben. Im Gegenteil, sie zerstören Liebe und Vertrauen und lassen das Kind nur noch schwieriger werden. Ich habe viele Kinder erlebt, die trotzig antworteten: »Hat ja gar nicht weh getan!« oder » Ist mir doch egal!« und unempfindlich gegenüber Schlägen geworden waren. Eltern, die auf offener Straße oder im Supermarkt auf ihre Kinder einschlagen, gewinnen nicht die Kontrolle über ihre Kinder, sondern verlieren sie.

Warum prügeln Eltern ihre Kinder?

Wenn wir ehrlich sind, so legen wir Hand an unsere Kinder, weil wir selbst es brauchen. Wir fürchten, daß wir die Kontrolle über sie verlieren. Und wenn sie noch sehr klein sind, so verläßt uns manchmal schlicht die Kraft. Wir sind erschöpft, übermüdet und unausgeglichen, weil wir keine Minute für uns selbst haben.

Mit der Ohrfeige setzt sich unser eigenes Ich zur Wehr: »Und wo bleiben meine Bedürfnisse?« Manchmal kann auch ein reflexartige Reaktion des Selbstschutzes dahinter stecken, z.B. wenn Ihr Kleinkind Ihnen beim Anlegen der Kindersitzgurte ins Auge gefaßt oder beim Umbinden des Lätzchens einen Löffel auf den Kopf gehauen hat.

In diesem Alter kann ein Kind die Bedeutung unserer Worte und Gefühle oftmals noch nicht erfassen. Dennoch fühlen wir einen starken Drang, uns bemerkbar zu machen und sein Verhalten zu steuern. Es ist deshalb fast eine logische Folge, wenn wir diesem Kind einen Klaps geben, damit es uns wahrnimmt. Wir müssen dieser Versuchung unbedingt widerstehen. Das wird uns auch nicht schwerfallen, wenn es uns gelingt, einen besseren Kontakt zu unserem Kind aufzubauen.

Manche Befürworter der »Klaps-Methode« sind einfühlsame und teilnahmsvolle Menschen. Sie argumentieren damit, daß Kinder, die nicht durch einen kleinen Klaps zur rechten Zeit gebremst worden sind, später so aufsässig werden, daß ihre Eltern dann endgültig die Kontrolle verlieren und mit echten Prügeln reagieren. Ihre Theorie ist, daß man mit kleinen Schlägen große Prügel vermeiden kann. Meine Erfahrung allerdings zeigt, daß Leute, die kleine Klapse verteilen, zu großen übergehen, wenn die kleinen nicht mehr wirken. Kinder werden dann ablehnend, prügeln ihre Brüder oder Schwestern oder schlagen sogar zurück.

Es ist wichtig, eine klare Linie zu ziehen, und die beginnt zwangsläufig bei uns selbst. Wenn wir uns entscheiden, unsere Kinder niemals zu schlagen – wie wir und viele andere Eltern es getan haben –, dann sind wir entschlossen, einen besseren Weg zu finden.

Disziplin ohne Ohrfeigen

Kinder müssen gebändigt werden, und mit Worten allein schafft man es bei den ganz Kleinen manchmal nicht. Zweifelsohne ist es manchmal unumgänglich, sie festzuhalten und an ihrem Tun zu hindern, damit sie zu Ruhe und angemessenem Betragen zurückfinden. Das kann man aber durch kontrolliertes Handeln erreichen. Tausende von Eltern wenden erfolgreich »Stillstehen und Nachdenken« an. Man kann es Kindern beim Heranwachsen antrainieren, aber trotzdem wird es immer noch die völlig »unmöglichen« Situationen mitten auf der Straße im strömenden Regen geben. Dann gilt es, seinen Humor zu bewahren, das Kind einfach unter den Arm zu klemmen und sich darüber zu freuen, daß Kleinkinder »bewegliche Ware« sind.

Wenn Kinder zu Jugendlichen heranwachsen, sollten Angst und Einschüchterung ausgedient haben. Wenn sie von zu Hause ausreißen oder mit Gewalt trotzen, dann bedeutet dies für gewöhnlich, daß der Kommunikationsfaden schon Jahre vorher abgerissen ist und die Eltern eher mit Aggression als mit einer Mischung aus Liebe und Bestimmtheit gearbeitet haben.

Viele Menschen verdrängen den Schmerz, den sie als Kinder empfunden haben, und fügen ihrem Nachwuchs den gleichen zu. Als Therapeut weiß ich, um welche Art von Schmerz es sich dabei handelt. Ich habe viele Menschen unter Tränen erzählen hören, wie sehr sie sich gedemütigt fühlten, wenn ihre Eltern die Kontrolle verloren. Meine Patienten zeigen mir geplatzte Adern, die durch Schläge entstanden sind. Friseure berichten von Beulen, Narben und kahlen Stellen auf den Köpfen ihrer Kunden, Zeugnisse einer von Gewalt geprägten Kindheit. Viel schlimmer sind jedoch die inneren Narben – wie soll ein Kind, das sich bei seinen Eltern nicht sicher fühlt, sich jemals sicher in der Außenwelt bewegen?

Schließlich gibt es noch einen anderen Grund, Kinder nicht zu schlagen. Es erweist sich nämlich immer öfter, daß Kinder, die sich sicher fühlen, ihre Eltern ins Vertrauen ziehen, wenn sie etwas Schlimmes erlebt haben – zum Beispiel, wenn sie sexuell mißbraucht worden sind.

Wenn die Erziehungsmethoden der Eltern jedoch auf Angst und Schuldgefühlen basieren, dann fürchtet ihr Kind sich vor ihrer Reaktion und bleibt stumm. Kinder, die niemals von ihren Eltern erschreckt oder verletzt wurden, werden sie immer zuerst als Beschützer sehen. Sie werden schon vorher drohen: »Ich sage es meinen Eltern!« und sich so von vornherein vor Mißbrauch schützen.

Die Entscheidung treffen

Wir glauben, es ist an der Zeit, Schläge als Methode elterlicher Kontrolle abzuschaffen.

Der erste Schritt ist einfach. Sie verpflichten sich selbst, nie wieder ein Kind zu schlagen. Als logische Folge müssen Sie nun gewaltlose Erziehungsmethoden suchen, die ebenso effektiv sind. Diese Methoden existieren und sind lernbar.

Als wir unser erstes Kind großzogen, verteilten wir Klapse für bestimmte kleine Vergehen, z.B. wenn unser Sohn versuchte, den Wasserkocher anzufassen. Willensstark wie unser Sohn war, ließ er sich davon nicht beeindrucken und machte sich einen Spaß daraus, es immer wieder zu tun. Wir wollten ihn jedoch nicht weinen sehen und fanden, daß er dabei auch nichts lernen würde. Also suchten wir nach Alternativen und entdeckten, daß viele Eltern ihren Kindern nie einen Klaps gaben und daß dies sogar in manchen Ländern gegen das Gesetz verstieß. Wir erlernten also die Methoden, die dieses Buch vorstellt und die von vielen anderen Eltern weltweit angewandt werden, und setzten sie zu Hause in die Praxis um. Wir werden immer und ewig dankbar sein dafür, daß wir einen besseren Weg gefunden haben.

Wir alle sehnen uns nach einer friedvolleren Welt, in der Konflikte gewaltlos gelöst werden. Um das zu erreichen, müssen wir an der Wurzel ansetzen. Denn wie wollen wir den Frieden im Nahen Osten verwirklichen, wenn wir schon in unseren eigenen vier Wänden nicht dazu in der Lage sind?

Wenn Sie innerlich zustimmen, dann können Sie sich diese Verpflichtung auch auferlegen. Ihr Kind wird dann wissen, daß seine Mutter und sein Vater ihm niemals physischen Schmerz zufügen werden und daß es zu Hause sicher ist. Welch schönes Lebensgefühl!

Ein abschließendes Wort

Mit Standfester Liebe gewinnen Sie in zweierlei Hinsicht. Sie können auf Ohrfeigen und Schimpfen verzichten; niemandem gefällt so etwas. Trotzdem können Sie in einer Familie leben, in der die Erwachsenen die Oberhand haben und Kinder so handeln, wie es von ihnen verlangt wird. Ihre Kinder bleiben dabei ganz normal: »arbeitsintensiv« als Zweijährige und stürmisch als Vierzehnjährige. Da Sie aber damit umzugehen verstehen, können Sie diesen Zeiten gelassen entgegensehen und sich ansonsten den angenehmen Seiten des Familienlebens widmen.

Vergessen Sie nicht: Gehen Sie immer nur so vor, wie es für Sie am besten ist. »Stillstehen und nachdenken« und »Das Problem lösen« sind nur ein paar weitere Methoden aus Ihrem Repertoire, aber sie können einiges bewirken. Ein Beispiel zeigt der folgende Brief:

Liebe Shaaron, lieber Steve,

Euer Seminar im Oktober hat uns viel gegeben, und wir haben immer noch Kontakt mit einer anderen Teilnehmerin. Die Begegnung mit Ihnen kam gerade im richtigen Augenblick, weil wir unseren kleinen Sohn wirklich nicht schlagen wollten, aber zu der Zeit mit seiner Ungezogenheit ziemlich überfordert waren. Inzwischen stellt sich Carey, der jetzt achtundzwanzig Monate alt ist, selbst in die Ecke und sagt: »Ich denke darüber nach«. Wir müssen uns zusammennehmen, um nicht lauthals vor Rührung loszuschluchzen.

Marion und David

Wer zieht Ihre Kinder groß?

Sorgfalt bei der Kinderbetreuung

Kapitel 4

Montagmorgen, halb zehn – das Telefon läutet. Am anderen Ende ist eine junge berufstätige Frau, die ich nur flüchtig kenne. Unter Tränen erzählt sie mir, daß sie soeben von der Kinderkrippe kommt, in der sie ihren weinenden, vier Monate alten Sohn unter größten innerlichen Zweifeln zurückgelassen hat. Heute ist ihr erster Arbeitstag nach der Geburt des Kleinen, aber sie kann sich nicht auf ihre Arbeit konzentrieren, weil sie immerzu an ihr Baby denken muß, das in seinem kurzen Leben kaum jemals von ihr getrennt war. Was soll sie tun?

Folgen Sie Ihrem Herzen

Viele Leute würden versuchen, die junge Mutter zu beruhigen, und sie würden sagen: »Das gibt sich schon. Bald wird der Kleine sich daran gewöhnt haben.« Schließlich könne dies auch noch bei einem Fünfjährigen am ersten Kindergartentag nach den Ferien vorkommen. Aber auch dies ginge vorüber und das Kind sei bald wieder mit Freude bei der Sache.

Hätte die junge Frau also nicht lieber darüber hinweggehen und sich auf ihre Arbeit und ihre Kollegen konzentrieren sollen?

Im Laufe des Gespräches stellte sich jedoch heraus, daß es sich um mehr als einen tränenreichen Abschied handelte. Die Gefühle der jungen Frau hinsichtlich ihrer Rückkehr ins Berufsleben waren äußerst gespalten.

Wir sprachen über die Zwänge, unter denen sie stand, und versuchten herauszufinden, was ihre eigenen und was die Wünsche anderer waren. Es zeigte sich, daß viele ihrer Freundinnen ihre Babys in Krippen untergebracht hatten und nun wieder arbeiteten, daß ihr Ehemann wünschte, sie möge zum Unterhalt der Familie beitragen und daß ihr Arbeitgeber sie gerne wieder einstellen wollte.

Aber während sie erzählte, trat ihr ganzes Unglück zutage, denn ihr eigener Wunsch war schlicht, bei ihrem Kind zu sein. Nach und nach entwickelte sie also einen Plan. Dann sprach sie mit ihrem Chef, erklärte ihm ihren Sinneswandel und entschuldigte sich bei ihm.

Nach einigen Verhandlungen konnten sie sich schließlich sogar darauf einigen, daß sie noch ein Jahr zu Hause bleiben und dann eine Teilzeitstelle bekommen würde. Sie hatte das große Glück, frei entscheiden zu können, weil sie selbst qualifiziert genug war und ihr Ehemann den Familienunterhalt auch alleine bestreiten konnte.

Die junge Frau jedenfalls war überglücklich, den ganzen Ballast abgeworfen zu haben und der Stimme ihres Herzens gefolgt zu sein.

Kinderbetreuung – eine moderne Erfindung

Seit ewigen Zeiten sind Kinder zu Hause oder unweit davon großgezogen worden. Daran beteiligten sich neben den Eltern nahe Verwandte aus dem Dorf oder der Nachbarschaft. Und man teilte Freud und Leid der Kindererziehung. In ländlichen Gegenden oder in anderen Regionen der Erde verbringen Eltern und Kinder auch heute noch ihre Tage gemeinsam. Mütter tragen bei der Arbeit ihre Babys in Tüchern auf dem Rücken, und Männer nehmen kleine Kinder mit zur Feldarbeit. Nur in der westlichen Welt schließen wir unsere Kinder (und unsere Alten) von der Mitte unseres Lebens aus.

Vor hundert Jahren noch arbeiteten alle Männer unweit ihrer Kinder und Frauen, auf den Feldern rund herum oder maximal im nächstgelegenen Dorf. Im Zuge der Industrialisierung wurden die Entfernungen größer, und die Männer ließen ihre Frauen und Kinder allein und isoliert zu Hause zurück. In den 60er-Jahren begannen auch die Frauen zu arbeiten – und waren nun ebenso fern von ihrem Zuhause wie ihre Männer.

Sinkende Löhne, Arbeitslosigkeit und Trennungen haben dazu geführt, daß Frauen arbeiten und eine Familie versorgen müssen. Um diesen Wandel zu ermöglichen, sind Kinderbetreuungseinrichtungen wie Pilze aus dem Boden geschossen. Heute sprechen wir sogar von einer »Kinderbetreuungsindustrie« und wissen, daß dieses Thema allen Eltern sehr am Herzen liegt.

Eltern können heute also eine Wahl treffen, die in der Vergangenheit nur wenigen, äußerst vermögenden Familien offenstand. Sie können ihre Kinder gegen Bezahlung den ganzen Tag von Fachkräften betreuen lassen. Wenn Wartelisten, lange Stadtfahrten und ihre eigenen Zweifel sie nicht davon abbringen, so haben sie die Möglichkeit, ihr Kind von der Geburt bis zur Volljährigkeit ausnahmslos von Fremden betreuen zu lassen. Staat und Gesellschaft fördern dies fi-

nanziell wie auch ideell als ein Recht, das jedem zusteht. Hat Ihr Kind einmal das Schulalter erreicht, so stehen Vor- und Nachbetreuung, Ferienbetreuung und Wochenendveranstaltungen zur Verfügung, und Sie brauchen es fast nie zu sehen!

Die zweitwichtigste Entscheidung, die Eltern fällen müssen

Der Entschluß, Kinder zu bekommen, ist vermutlich die bedeutsamste Entscheidung Ihres Lebens. Wer sie großziehen soll, ist die zweitwichtigste. Die ersten fünf Lebensjahre sind bekanntermaßen die Zeit des größten intellektuellen und emotionalen Wachstums. Ein Kind, das mit drei Monaten für sieben bis acht Stunden täglich in eine Betreuungseinrichtung gegeben wird, verbringt den Großteil seiner Kindheit mit Fremden. Sein Charakter wird in vielen Bereichen das Resultat der vielen unterschiedlichen Einflüsse sein, denen das Kind ausgesetzt war.

106

Es wird sich diesen Einflüssen zweifelsohne anpassen können, wird es aber auch zu Nähe fähig sein? Wie kann es all die verschiedenen Botschaften in sich vereinen?

Die beiden großen Fragen, ob man Kinder bekommt und wer sie betreut, stehen in einem engen Zusammenhang, doch nicht allen Elternpaaren scheint dies bewußt zu sein. Viele Krippenleiter stellen sich, nachdem sie noch mehr Eltern mit immer jüngeren Kindern abgewiesen haben, im Stillen zurecht die Frage: »Warum setzen diese Leute überhaupt Kinder in die Welt?«

Die »Kuckuckskultur«

In den letzten zehn Jahren hat sich eine Familienkultur durchgesetzt, die zutreffend mit dem Namen »Kuckuckskultur« beschrieben werden kann – denn wie der Kuckuck, der sein Ei einem anderen Vogel ins Nest legt, geben heutzutage viele Eltern wie selbstverständlich ihre Kinder sobald wie möglich in die Hände Fremder, damit diese sich um sie kümmern. Frauenmagazine und das Rollenverständnis, das die Medien verbreiten, fördern diesen Trend. In manchen Kreisen wird es als Zeichen von gesellschaftlichem Erfolg gewertet, als wünschenswerte Norm, wenn man jemand anderen mit der Erziehung der eigenen Kinder beauftragt.

Unsere Gesellschaft hat sich der »Freiheit« verschrieben, und das beinhaltet offensichtlich auch, daß man sich möglichst von den Mühen der Kinderziehung zu befreien sucht. Am äußersten Ende des gesellschaftlichen Spektrums befinden sich Schichten, in denen Kinder zu nicht viel mehr als einem modischen Accessoire degradiert sind, das hier und da für einen Phototermin hervorgekramt und dann gleich wieder in anderer Leute Hände gelegt wird. Es ist »schick«, Kinder zu haben, nicht aber, das eigene Leben von ihnen beeinträchtigen zu lassen.

Wir Menschen ordnen uns gerne dem Herdentrieb unter, und die Tatsache, daß es »alle so machen«, läßt die Entscheidung für eine Betreuung der eigenen Kinder durch fremde Menschen harmlos, ja sogar vorteilhaft erscheinen. Es sind also auch modische Trends, die die Entscheidung darüber, wer unsere Kinder erziehen soll, beeinflussen.

Glücklicherweise aber will immer noch die Mehrheit aller Eltern ihre Kinder selbst großziehen, auch wenn die »Erziehung aus zweiter Hand« zunehmend an Bedeutung gewinnt. Diese Eltern wollen ihr Bestes geben und sind bereit, zu diesem Zwecke Karriere, Freizeit und gesellschaftliche Ambitionen zu opfern. Selbst Männer in hohen Positionen entscheiden sich immer häufiger für ihre Kinder und gegen die Karriere.

Leider sind viele Eltern aus finanziellen Gründen gezwungen, ins Arbeitsleben zurückzukehren, lange bevor ihre Kinder groß sind – und sie sind darüber äußerst betrübt. Andere sind verwirrt. Einerseits wollen sie ein schönes Zuhause schaffen, ihre Kinder auf eine gute Schule schicken und ihnen schönes Spielzeug schenken, andererseits wollen sie nicht auf die gemeinsame Zeit mit ihren Kindern verzichten.

Welche Gründe es auch sein mögen, in jedem Falle sollten wir uns über die wahren Kosten der jeweiligen Lösung klar werden, bevor wir eine Entscheidung treffen.

Eine persönliche Ansicht

Ich hatte ursprünglich vor, in diesem Kapitel die Alternativen, zwischen denen Eltern wählen können, objektiv zu beleuchten. Das ist die unverfänglichste Methode. Ich hätte die verschiedenen Argumente in dieser langen und besorgniserregenden Diskussion zusammenstellen und Sie Ihre eigenen Schlüsse ziehen lassen können.

Mir wurde jedoch schnell klar, daß dies nicht der richtige Weg gewesen wäre. Als Eltern treffen wir unsere Entscheidungen nicht anhand von Studien und Statistiken. Wir nehmen sie zwar zur Kenntnis, aber wenn es darauf ankommt, dann handeln wir nach unserem Gefühl. Schließlich ist es die Fähigkeit, der eigenen Intuition zu folgen, die gute Eltern von schlechten unterscheidet. Ich denke, daß Sie als Leser meine ehrliche Meinung halbwissenschaftlichen Ausflüchten vorziehen.

Ich habe größte Bedenken gegenüber der Art und Weise, wie Eltern heutzutage von Einrichtungen zur Kinderbetreuung Gebrauch machen, und ich glaube, daß die nur schwer nachweisbaren Schäden, die dadurch entstehen, eine langfristige Wirkung haben.

Mit dieser Ansicht stehe ich nicht allein da. Professor Jay Belsky, der wohl renommierteste Fachmann auf diesem Gebiet, hält die Schäden durch zuviel Fremdbetreuung ebenfalls für subtil, aber nachhaltig – so nachhaltig, daß er 1986 seine zuvor bejahende Haltung gegenüber der Fremdbetreuung von Kindern unter drei Jahren in Krippen grundsätzlich revidierte.

Anfang 1994 löste die weltweit bekannte Elternratgeber-Autorin Dr. Penelope Leach einen Sturm der Entrüstung aus, als sie sich in ihrem Buch »Die ersten Jahre deines Kindes« ebenfalls gegen die Betreuung von Kleinkindern durch Fremde aussprach. Ich selbst habe beim Anblick von Babys und Kleinkindern in Krippen schon immer ein Unbehagen verspürt, und je mehr Gespräche ich mit Eltern, Betreuungspersonal und zurückblickenden Erwachsenen führte, desto stärker wurde meine Überzeugung.

Bevor ich Ihnen meine Argumente darlege, muß ich betonen, daß es keinerlei Beweise für sie gibt. Die Forschungen auf diesem Gebiet stehen noch aus, aber da ich – wie alle anderen Eltern auch – nicht einfach auf deren Ergebnisse warten konnte, erlaube ich mir hier, meine persönlichen Ansichten darzulegen. Es bleibt Ihnen überlassen, ob Sie mir zustimmen wollen oder nicht oder ob Sie die Antwort offen lassen wollen.

Es ist meine Überzeugung, daß ...

1   ... Ganztagsbetreuung im Rahmen einer Kinderkrippe oder in einer ähnlichen Einrichtung bei Kindern un-

ter drei Jahren erhebliche Defizite hinterlassen wird. Je kleiner die Kinder sind und je mehr Zeit sie dort verbringen, desto größer werden die Mangelerscheinungen sein.

2   … eine solche Betreuung sich vor allem auf die innere Stabilität, das Vertrauen und die Beziehungsfähigkeit des Kindes negativ auswirken wird. Die mit der Fremdbetreuung verbundenen frühen Erfahrungen werden es dem Kind erschweren, später im Leben Gelassenheit und seelischen Frieden zu finden.

Dieses Defizit wird durch einen oberflächlichen Gewinn an sozialen Fähigkeiten und praktischer Intelligenz kaschiert, die jedoch nichts anderes als reine Überlebensstrategien eines hilflosen Kindes sind.

3   … diese Defizite auf Dauer gesehen vor allem die Fähigkeit zu langfristigen und stabilen Bindungen beeinträchtigen werden. Die allgemeine seelische und körperliche Verfassung des Kindes wird darunter leiden, und wenn es erwachsen ist, wird es ihm schwerfallen, zu seinen eigenen Kindern eine von Zuneigung geprägte Beziehung aufzubauen.

Um es kurz zu fassen: Abgesehen von Fällen, in denen es die ökonomische, gesundheitliche oder psychische Situation den Eltern tatsächlich unmöglich macht, die Erziehung ihrer Kinder selbst in die Hand zu nehmen, bin ich fest davon überzeugt, daß es einem kleinen Kind prinzipiell besser bekommt, wenn es von einem bestimmten Menschen umsorgt wird, der in einem engen emotionalen Verhältnis zu ihm steht.

Gut ausgebildetes Personal und ein positives Umfeld sind wichtig, treten aber im Vergleich zur Liebe zum Kind in den Hintergrund. Man kann kleine Kinder sicher unterbringen und für eine anregende Umgebung sorgen, aber ihre tieferen und subtileren Bedürfnisse kann nur jemand befriedigen, der eine feste, unerschütterliche Bindung zu ihnen eingegangen ist. Und genau das kann man mit Geld nicht kaufen!

Die Vorzüge der Kinderbetreuung

Fairerweise muß man aber neben den Gefahren auch die Vorzüge der Kinderbetreuung nennen. Jeder, der in irgendeiner Form mit Familien zu tun hat, weiß, daß ...

✗ ... alle Eltern von Zeit zu Zeit Erholung und Abstand brauchen, um die Situation der unnatürlichen Abkapselung vom Rest der Welt, in die man durch die Betreuung der Kinder zuhause gerät, besser verkraften zu können.

✗ ... Frauen das gleiche Recht auf Karriere und finanzielle Unabhängigkeit haben wie Männer.

✗ ... Kinder in Betreuungseinrichtungen soziale Fähigkeiten erlernen und vielfältige Anregungen erhalten, so daß sie die Zeit in der Krippe oder auch bei der Tagesmutter genießen.

✗ ... manche Eltern so schlechte Voraussetzungen (materieller oder persönlicher Natur) für die Erziehung ihrer Kinder mitbringen, daß die Kinder unter professioneller Aufsicht tatsächlich besser aufgehoben sind.

Diese Vorteile sind bestens dokumentiert und auch weithin anerkannt.

Den Tatsachen furchtlos ins Auge sehen

Bei all den positiven Seiten der Kinderbetreuung – die negativen Aspekte sind nicht zu übersehen. Über diese negativen Seiten wurde lange Zeit nur hinter vorgehaltener Hand diskutiert, einerseits, weil man den Eltern, die ihre Kinder in Krippen oder Kindergärten untergebracht haben, Schuldgefühle ersparen wollte, andererseits, weil die »Kinderbetreuungsbranche« aus verständlichen Gründen kein Interesse an eingehenderen Untersuchungen hatte. Ersteres halte ich für überheblich, und Letzteres ist einfach unredlich.

Das Betreuungspersonal erliegt häufig dem gutgemeinten, meines Erachtens jedoch fehlgeleiteten Bestreben, Eltern Sorgen ersparen zu wollen. In Australien haben Erziehungsfachleute und die Regierung eine lange und wichtige Kampagne initiiert, um nationale Standards für Kinderbetreuungseinrichtungen zu entwickeln. Die privat betriebenen Einrichtungen setzten sich dagegen vehement mit allen Mitteln zur Wehr.

Eine Mitarbeiterin der Kampagne sagte einmal: »Als wir die Fälle bekanntmachten, in denen unausgebildete Fünfzehnjährige mit 45 Kindern alleine gelassen wurden, ging es uns nicht darum, Hysterie auszulösen.« Das klang zunächst nach einer löblichen Absicht. Aber letztlich zeigte diese Äußerung auch, daß man in den Betreuungseinrichtungen und bei den Behörden besorgte Eltern eigentlich nur für hysterisch und lästig hält und sie in ihren Wünschen und Forderungen nicht ernst nimmt.

Aber ist es nicht ein ganz natürliches Verlangen, wenn Eltern ein starkes Interesse am Wohle ihrer Kinder haben? Man kann den Eltern einfach nicht das Recht abstreiten, über die Zustände in den Betreuungseinrichtungen informiert zu werden!

Ist die rasant zunehmende und weitverbreitete Akzeptanz der Kinderbetreuung durch Dritte beängstigend? Oder ist das endlich der Durchbruch, der den Eltern die Möglichkeit verschafft, mehr vom Leben zu haben? Ist es nicht, angesichts der Tatsache, daß wir weit entfernt von Großeltern und Verwandten leben, eine Wohltat für Kinder, daß es nun Profis gibt, die Mamis und Papis amateurhafte Stümperei ersetzen?

Oder nehmen wir mit einer Betreuung unserer Kinder durch Dritte nicht doch in Kauf, daß unsere Kinder einen ernsthaften Verlust an Intimität und individueller Zuneigung erfahren? Gibt es einen Mittelweg, bei dem auch ein Kleinkind von einer Fremdbetreuung profitieren kann? Wie auch immer wir es betrachten, der Boom in der Kinderbetreuungsbranche ist ein unkontrolliertes gesellschaftliches Experiment und sollte mit wachen Augen verfolgt werden.

In den folgenden Abschnitten werden wir die Motive betrachten, die Eltern kleiner Kinder dazu veranlassen, ins Berufsleben zurückkehren, und wir werden diskutieren, wie berechtigt diese Gründe sind. Wir werden uns darüber hinaus mit der Frage auseinandersetzen, ob es nicht sinnvoller wäre und mehr Freude brächte, wenn man als Vater oder Mutter kleiner Kinder ein paar Jahre länger zu Hause bleibt und sich um die Kinder kümmert, bis sie ein gewisses Alter erreicht haben.

Dann werden wir einen Blick darauf werfen, welche Arten von Betreuung es gibt, damit Sie später eine wohlüberlegte Entscheidung treffen können. Wir werden außerdem untersuchen, welche Risiken die Kinderbetreuung in sich birgt, damit Sie feststellen können, ob Ihr Kind Schaden nimmt. Wenn Sie dann mit all diesen Informationen ausgestattet sind, werden Sie eher in der Lage sein, so zu entscheiden, wie es für Sie persönlich richtig ist.

»Aber ich habe keine Wahl« – Mütter, die arbeiten müssen

Mütter, deren Partner nur ein niedriges Einkommen haben oder arbeitslos sind, und Alleinerziehende haben schlicht keine Wahl; sie müssen ihre Kinder in Krippen und Kindergärten betreuen lassen und arbeiten gehen, auch wenn sie viel lieber mit ihren Kindern zuhause blieben. (Das ist eine Problem nationalen Ausmaßes, und in dem Kapitel über ein »Elterngehalt« werden wir eine mögliche gesamtgesellschaftliche Lösung diskutieren.)

Ich glaube, daß Kinder sich schwierigen Verhältnissen anpassen können, wenn sie verstanden haben, daß die Situation auch beim besten Willen nicht zu ändern ist. Dabei ist es noch nicht einmal nötig, große Worte zu verlieren; Kinder erfassen auch intuitiv die Wahrheit. Wenn Ihre Kinder also wissen, daß Sie eigentlich lieber bei ihnen wären, aber nicht anders können, dann wird sich dies nicht so schädlich auf ihr Selbstbewußtsein auswirken; viel schwerwiegender ist es, wenn Sie tatsächlich kein Interesse an Ihren Kindern haben und grundsätzlich nicht gern in ihrer Nähe sind.

Das Selbstvertrauen junger Eltern

Manche junge Eltern begründen ihre Rückkehr in das Berufsleben damit, daß sie ohnehin keine guten Eltern abgeben würden, da sei ihr Kind in einer Betreuungseinrichtung besser aufgehoben. Aber so einfach verhält es sich nicht. Kaum jemand war vom ersten Augenblick an ein guter Vater oder eine gute Mutter. Nur durch die vielen Stunden, die Sie mit Ihrem Kind verbringen, werden Sie es. Und eben darin besteht der Unterschied zwischen einer Beziehung und einer Dienstleistung! Die Kindererziehung kann in der Tat an Ihrem Selbstvertrauen nagen, und das läßt viele Eltern ihre Situation noch negativer empfinden. Sie verlieren die Zuversicht, und es kann sogar soweit kommen, daß Sie sich Ihrem Kind entfremden. Der Betreuer scheint soviel liebevoller mit Ihrem Kind umzugehen und sehr viel attraktiver zu sein als Sie selbst. Je besser andere mit Ihrem Kind umgehen können, desto mehr sinkt Ihr Selbstbewußtsein.

In solch einem Fall ist es vernünftiger, an sich selbst zu arbeiten und sich mit der Hilfe eines Dritten nützliche Techniken und eine positive Einstellung zu erwerben. Nicht das Baby braucht hier professionelle Betreuung, sondern die Eltern sind es, die Unterstützung benötigen.

Stabilität und Kontinuität, die Pfeiler, auf denen die Welt des Kindes ruht, kann man in Betreuungseinrichtungen nicht vermitteln. Selbst bei hochqualifizierter Betreuung wird Ihr Kind, bevor es das Schulalter erreicht, mit mindestens einem Dutzend verschiedener Bezugspersonen konfrontiert werden. Schon sicherzustellen, daß der Ort der Betreuung sich nicht ändert, ist ein kaum zu realisierendes Unterfangen.

Eine jüngere Studie hat herausgefunden, daß es Familien gibt, die in einer normalen Arbeitswoche ihre Kinder an bis zu vier verschiedenen Orten unterbringen müssen, um zu gewährleisten, daß ihre Kinder während der gesamten Arbeitszeit betreut sind. Hinzu kommt, daß die Art des Umgangs mit den Kindern von Einrichtung zu Einrichtung stark schwanken kann und es dem einzelnen Kind so erschwert wird, sich zurechtzufinden.

Einen Mittelweg finden, ohne Kompromisse einzugehen

Mit einem Kleinkind isoliert in einem Vorstadthäuschen oder in einer Wohnung zu leben kann einen Menschen auf direktem Wege in den Wahnsinn befördern, wenn nicht andere Aktivitäten und Kontakte mit Erwachsenen hier und da Abwechslung und Ablenkung von Haushalt und Kindererziehung bieten. Irgendein Weg der Betreuung muß also gefunden werden, damit das Wohlbefinden von Erwachsenen und Kindern gewährleistet ist.

Ein Netz aus Freunden, Tagesmutter und Kindergarten kann zu bestimmten Zeiten erheblich zum Funktionieren einer Familie beitragen. Die Frage ist nur, was die wahren Bedürfnisse der Kinder sind. Dieser Aspekt fehlte in der bisherigen Diskussion. Das heutige System professionalisierter Kinderbetreuung ist entstanden, um den Nöten von Erwachsenen und nicht denen von Kindern Genüge zu tun. Die kamen erst an nachgeordneter Stelle.

Jüngste Forschungsergebnisse, und auch der gesunde Menschenverstand, lassen Zweifel an der Behauptung aufkommen, daß eine Kindheit in einer Kinderkrippe eine gute Kindheit ist. Ich bin sicher, daß das nächste Jahrtausend (oder bescheidener: nächste Jahrzehnt) zu einer Umorientierung führen wird und Kinderbetreuung nicht mehr ein Ersatz, sondern eine Hilfestellung für erziehende Eltern sein wird. Außerdem sage ich voraus (und hoffe), daß die Inanspruchnahme von Betreuungseinrichtungen für Babys und

Kleinkinder drastisch sinken wird, wenn die Eltern erkennen, welche psychischen und sozialen Folgen damit verbunden sind.

Nach den »fetten« 80er-Jahren befinden wir uns nun in den »realistischen« Neunzigern. Bei vielen Fragen ist man zu neuen Erkenntnissen gekommen, und auch die Antworten auf die Frage nach dem Wert der Kindererziehung »aus zweiter Hand« wandeln sich allmählich. Menschen, die heute noch nach einem Kinderkrippenplatz anstehen, könnten bald zu jenen gehören, die sich für den anderen Weg entschieden haben.

Neueste Meldungen

»Berufstätige Mütter, die ihre kleinen Kinder in Betreuungseinrichtungen unterbringen, sind durch die Trennung stark depressionsgefährdet. Dies ist das Ergebnis einer neuen Studie. Einige Mütter sind in so tiefe Depressionen verfallen, daß sie psychiatrische Behandlung brauchten.

Ein Feldforscher der Universität Melbourne hat Interviews mit achtzig Müttern geführt, die aus finanziellen Gründen in den Beruf zurückgekehrt sind und ihre Kleinkinder in Kindertagesstätten untergebracht haben. Er stellte fest, daß sie in den ersten beiden Monaten der Trennung von ihrem Kind unter starken Ängsten litten. In einigen Fällen führte dieser Zustand zu leichteren Depressionen, vier der achtzig Frauen jedoch verfielen in so schwerwiegende Depressionen, daß sie klinisch behandelt werden mußten.

Etwa ein Drittel der Mütter erklärte, daß sie es vorzögen, zu Hause zu bleiben und ihr Kind nicht von Fremden betreuen zu lassen.

Die Mitglieder der Kontrollgruppe von weiteren achtzig Frauen, die zu Hause blieben, um sich um ihre Kinder zu kümmern, litten unter keinen vergleichbaren Angstzuständen.«

(Aus: »Berufstätige Mütter leiden unter der Trennung von ihren Kindern«, Mercury, Hobart 13. 2. 1993)

Sieben unverschämte Gründe dafür, mit kleinen Kindern zu Hause bleiben zu wollen

1   Ich bin egoistisch.
Warum sollte sich irgend jemand anderes an meinen bezaubernden Kindern erfreuen, während ich mich abplage, um denjenigen dafür auch noch bezahlen zu können? Warum soll anderen die Freude über die ersten Schritte meines Kindes oder sein erstes Wort zufallen? Warum soll ein Fremder die ganze Zuneigung und Anhänglichkeit meines Kindes bekommen? Sie gehört (und gebührt) schließlich mir.

2   Ich bin die/der Größte.
Niemand kann meine Kinder so gut erziehen wie ich selbst, niemand liebt sie so wie ich und niemand kennt sie so gut wie ich.

3   Ich bin übervorsichtig.
Meine Ansprüche an Sicherheit, Schutz vor Mißhandlung und Respekt vor den Gefühlen meines Kindes sind extrem hoch. Indem ich mein Kind nicht allein lasse, brauche ich keine Risiken einzugehen, denn ich weiß, daß es bei mir in größtmöglicher Sicherheit ist.

4   Ich arbeite gerne im Team.
Mein Partner und ich sind ein gutes Team, wir ergänzen uns, und ich erziehe meine Kinder gern mit ihm zusammen. Es ist ein weiteres Element, das uns verbindet.

5   Ich bin arm, aber stolz.
Mein Selbstwertgefühl ist ausgeprägt genug, so daß ich weder exklusive Möbel und teure Klamotten noch ein luxuriöses Haus oder Auto benötige. Ich bin solch ein Snob, daß ich Geld nur für das Nötigste brauche. Meine Juwelen sind meine Kinder.

6 Ich bin faul.

Wenn ich jetzt meine Kinder zu selbstsicheren und seelisch gesunden Menschen heranziehe, die sich sicher und gut aufgehoben fühlen, werde ich es in der Zukunft leichter haben. Sobald meine Kinder größer sind, will ich wieder frei sein, und deshalb bringe ich ihnen bei, in unserem eigenen Haushalt mitzuhelfen.

7 Ich finde Gefallen am Zusammensein mit meinen Kindern.

Ich freue mich an den Fortschritten und der Zuneigung meiner Kinder und genieße es, meine Zeit nach eigenem Belieben zu planen. Ich treffe gern andere Eltern, spüre, wie sich die Jahreszeiten auf unsere Aktivitäten auswirken, merke, daß meine Kinder mich jung halten und ich (zumindest kurzfristig) der Mittelpunkt ihrer Welt bin.

Warum Eltern sich für Fremdbetreuung entscheiden

Es gibt vier hauptsächliche Gründe dafür, daß Eltern frühzeitig ins Berufsleben zurückkehren.

119

1   Echte finanzielle Notwendigkeit

In vielen Familien müssen beide Eltern arbeiten, um zu überleben. Auch viele alleinerziehende Mütter haben keine andere Wahl, wenn sie ihre Kinder angemessen versorgen wollen. Für diese Familien sind Betreuungseinrichtungen lebenswichtig, sie entsprechen aber nicht unbedingt ihren Idealvorstellungen von einem guten Familienleben.

In einer Erhebung gaben 62 % der befragten berufstätigen Mütter an, daß sie lieber zu Hause bleiben würden, bis ihre Kinder das Schulalter erreichen, anstatt schon bald nach der Geburt wieder zur Arbeit zu gehen.

2   Eingebildete finanzielle Notwendigkeit

Viele Paare denken, daß sie arbeiten müssen, aber bei genauerer Betrachtung stellt sich heraus, daß sie es nur tun, um ihren relativ hohen Lebensstandard zu erhalten. Heutzutage heiraten Paare später und bekommen auch später Kinder. Vielleicht hatten sie sich vorher schon daran gewöhnt, über viel Geld zu verfügen.

Vor wenigen Jahrzehnten gehörte es zum Leben dazu, für Kinder auch einmal auf etwas zu verzichten, und niemand machte Aufhebens davon. Die von der Medienwelt geprägten Bilder und Erwartungen und unsere auf Konkurrenz anstelle von Hilfe und Unterstützung basierende Gesellschaft führen dazu, daß die Erwartungen an das eigene Leben wesentlich höher geschraubt werden, als es eigentlich nötig oder möglich ist.

3   Druck von außen

Viele Mütter denken, daß sie arbeiten sollten, weil das jeder tut, und daß sie einen Makel aufweisen, wenn sie sich für die Mutterrolle entscheiden. Die Vertreterinnen des Feminismus hatten eine gespaltenes Verhältnis zur Mutterschaft und haben die Kindererziehung manchmal als nichtswürdig abgetan.

Und nicht nur Frauen fühlen sich diesem Druck, den eigenen gesellschaftlichen Status nur durch aktive Berufstätigkeit aufrechterhalten zu können, ausgesetzt – mit noch mehr

In Australien kehren 26 % aller Frauen ins Berufsleben zurück und nehmen Fremdbetreuung in Anspruch, wenn ihr Kind das erste Lebensjahr vollendet hat. 45 % arbeiten wieder, nachdem ihr jüngstes Kind vier Jahre alt geworden ist, und 59 %, wenn ihr jüngstes Kind das sechste Lebensjahr vollendet hat. Väter sind in 70 % der Familien ganztags beschäftigt und betreuen nur in 5 % der Fälle die Kinder zu Hause.

Argwohn werden Männer betrachtet, die sich für ihre Kinder und gegen den Ganztagsjob entscheiden.

4   Freude an der eigenen beruflichen Karriere

Manche Mütter finden soviel Gefallen an ihrer beruflichen Karriere, daß sie ihren Beruf über ihre Aufgaben als Mutter und Hausfrau stellen. Manchmal haben sie einen Partner, der bereit ist, die Rolle des Versorgers aufzugeben und die häuslichen Aufgaben zu übernehmen.

In anderen Fällen sind beide Partner nicht gewillt, eine größere berufliche Pause zu machen – ihre Kinder rutschen auf einen der unteren Plätze auf ihrer Prioritätenskala.

Wenn Sie durchaus mehrere Alternativen zur Wahl haben, aber das Elterndasein nicht mögen

Daß so viele Arten von Kinderbetreuung zur Verfügung stehen, führt dazu, daß manches Paar sich nur für Kinder entscheidet, weil sie wissen, daß Dritte den Großteil der Arbeit übernehmen werden. Andere Eltern wiederum sind der Meinung, daß sie ihre Aufgabe nicht gut genug erfüllen, und übertragen sie deshalb Fremden. Das aber ist eine Begründung, die man so nicht akzeptieren kann. Denn kein Mensch ist von Anfang an ein guter Vater oder eine gute Mutter.

Tatsache ist, daß nur Übung den Meister macht und niemand die Kunst der Erziehung von Anfang an beherrscht. Kinder großzuziehen ist kein Hobby und auch kein Spaziergang. Es kann sogar vorkommen, daß Sie ganze Phasen Ihres Lebens als äußerst schwierig empfinden: Nicht alle Mütter lieben Babys, mancher findet Kleinkinder unerträglich und andere können Teenager nicht ausstehen. Alle Eltern wollen irgendwann einmal die Flinte ins Korn werfen und sich auf sich selbst zurückziehen.

Dafür gibt es aber meist ganz bestimmte Ursachen, und es lohnt sich, ihnen auf den Grund zu gehen. Indem wir Krisen meistern und nicht aufgeben, lernen wir dazu und finden zu uns selbst. Dann sind wir auch in der Lage, mit unseren Kindern zufrieden und glücklich zusammenzuleben.

Schadet Fremdbetreuung meinem Kind?

Schon in den 60er-Jahren wurde die Frage gestellt, ob professionelle Kinderbetreuung Kindern schadet. Studien ergaben das ermutigende Ergebnis, daß es kaum einen Unterschied macht, ob Kinder zu Hause oder in Kinderkrippen untergebracht waren. Allenfalls zeichneten sich Kinder, die solche Einrichtungen besuchten, durch mehr Selbständigkeit und Durchsetzungsvermögen aus.

Kritiker der Untersuchungen und ihrer Methodik wiesen jedoch darauf hin, daß die Studien keineswegs repräsentativ seien, da man sie nur an Betreuungsstätten von »hoher Qualität«, für gewöhnlich an den Krippen der Universitäten, die den Forschern zugänglich waren, durchgeführt hatte.

Daher stand in den 70er-Jahren die Frage im Vordergrund, was denn unter »Qualität« zu verstehen sei und wie sich Qualitätsunterschiede auswirkten. Wie zu erwarten, fand man heraus, daß die Resultate um so besser waren, je kleiner die Gruppen, je besser ausgebildet und zahlreicher die Betreuer waren.

Man bemerkte einen Hang zu Apathie und Traurigkeit bei kleinen Kindern in großen Gruppen; außerdem stellte sich heraus, daß ältere Kinder sich zu langweilen begannen und unkontrollierbar wurden, wenn das pädagogische Konzept nicht stimmte.

In den 80er-Jahren regten sich die ersten Zweifel, ob die Art von Betreuung, die Eltern sich wünschten, in einem institutionellen Rahmen überhaupt zu realisieren sei. Immer häufiger drehte sich die Diskussion um die Problematik, eine stabile und warme Beziehung zwischen Betreuer und Kind herzustellen.

In dem Forschungsüberblick ihres Buches *Children in Australian Families* (Australian Institute of Family Studies 1992) hebt Gay Ochiltree hervor, was der häufige Personalwechsel in Betreuungseinrichtungen für Kinder bedeutet: »Der Verlust einer Bezugsperson kann für ein Kind sehr schmerzhaft sein. Halten wir uns vor Augen, daß jährlich 40 % der Bezugspersonen in öffentlichen und 60 % der Betreuer in privaten Betreuungsstätten die Stelle wechseln, dann wird uns die immense Bedeutung des Problems klar.«

Diese Zahlen stammen zwar aus den Vereinigten Staaten, weil aber die schlechte Bezahlung und das niedrige gesellschaftliche Ansehen, das der Beruf des Erziehers einbringt, in allen Industrieländern zu finden sind, ist dieser Trend zum häufigen Arbeitsplatzwechsel wohl in der ganzen westlichen Welt zu beobachten.

Jay Belsky analysiert in seinem Beitrag »Kleinkindertagesstätten – ein Grund zur Sorge« den kompletten Stand der Forschung, zusammengetragen aus hunderten von Studien aller Art weltweit. Er stellt fest, daß es in fast allen Studien Hinweise, wenn nicht sogar Beweise für Dauerschäden durch Fremdbetreuung gibt, vor allem, wenn man die Ergebnisse in der Gesamtschau betrachtet.

Bei Kindern, die in einem Alter von bis zu zwölf Monaten von ihrer Mutter getrennt worden waren, konnte er vier dokumentierte Verhaltensauffälligkeiten feststellen:

✘ **Abkehr von der Mutterfigur:** Das Kind wendet sich nicht spontan an seine Mutter und sucht keinen Schutz bei ihr. Die Erfahrungen in einer Krippengruppe macht diese Kleinen wütend auf die Mutter. Das Kind ist von seiner Mutter enttäuscht worden und hat es aufgegeben, sich trostsuchend an sie zu wenden. Es hat entweder eine Beziehung zu jemand anderem aufgebaut oder überhaupt aufgegeben, eine starke Bindung zu jemandem zu entwickeln.

✘ **Erhöhte Aggressivität:** Das Kind zeigt jetzt und auch im Schulalter eine Tendenz zum Schlagen, Beleidigen und Kämpfen. Es löst Konflikte nicht durch ein Gespräch, ruhiges Verhalten oder Ausweichen, sondern durch aggressive Konfrontation.

✘ **Aufsässigkeit:** Das Kind ignoriert die Anweisungen Erwachsener oder trotzt ihnen und übt durch Zuwiderhandeln den Aufstand.

✘ **Rückzug:** Das Kind wendet sich ab, meidet die Gesellschaft Erwachsener und zieht sich auf sich selbst zurück.

Diese vier Verhaltensauffälligkeiten zeigten sich quer durch eine große Anzahl von Studien – ob diese nun niedere, mittlere oder gehobene soziale Schichten im Visier hatten. Sie zeigten sich in gering ausgestatteten Kindertagesstätten, hochprofessionell geführten Einrichtungen und sogar bei Ganztagsbetreuung durch Babysitter zu Hause.

Diese vier Effekte kommen nicht überraschend. Kinder in durchschnittlichen Institutionen der beschriebenen Art müssen mit einer Vielzahl von anderen fremden Kindern um Aufmerksamkeit kämpfen, Erwachsene kommen und gehen, der Tag ist von ununterbrochenem Lärm erfüllt, es gibt keine privaten Rückzugsgebiete. Erwachsenen, auch den eigenen Eltern, die die meiste Zeit des Tages nicht für sie da sind, begegnen sie mit zunehmender Reserve. Die Kinder müssen selbst zusehen, wie sie durch den Tag kommen, was einigen besser gelingt als anderen.

Eltern, die sich die Frage stellen, ob die »Betreuung in Krippen Kleinkindern schadet«, können zu einer eindeutigen Antwort gelangen: Wenn Ihr Kind regelmäßig eine Kombination der vier beschriebenen Verhaltensweisen an den Tag legt, dann lautet die Antwort: »Ja«.

Kinder mit Krippenerfahrung sind anders

Während wir unsere Nachforschungen für dieses Kapitel anstellten und verschiedene Eltern interviewten, bekamen wir ein paar sehr aufschlußreiche Bemerkungen von Eltern zu hören, die gleichzeitig als Betreuer in einem Kindergarten tätig waren.

»Man sieht sofort, welche Kinder vor dem Kindergarten ein Krippe besucht haben. Sie sind ganz anders.«

»Es ist nur schwer zu beschreiben, aber sie sind irgendwie kühler und weniger an mir als Person interessiert. Sie sind aber oft Meister im Manipulieren.«

»Die meisten Kleinen kommen an Mamis Hand – sie sind ängstlich, aber nach einer Weile dehnen sie das Vertrauen zu ihrer Mutter auf dich (den Kindergärtner) aus. Sie sind zutraulich und kontaktfreudig. Kinder mit Krippenerfahrung dagegen scheinen oft irgendwie schon verhärtet zu sein – wieder ein anderer Erwachsener, wieder ein anderer Ort. Ihre Eltern trifft man nie, weil sie auch von Dritten gebracht und abgeholt werden.«

»Man gewinnt den Eindruck, daß diese Kinder vielen Erwachsenen begegnet und abgeklärt sind. Sie kommen gut zurecht, absolvieren ihr Tagesprogramm, aber sie wirken resigniert, verhärtet und fast depressiv.«

Ein Vergleich der Möglichkeiten

Es gibt viele Betreuungsmöglichkeiten für Ihr Kind. Jede hat ihre Vor– und Nachteile. Lassen Sie uns jede für sich betrachten, damit Sie die beste Wahl treffen können.

Kindertagesstätten

Kindertagesstätten sind für gewöhnlich in großen, für diesen Zweck geplanten Bauten untergebracht. Sie sind normalerweise von 8 bis 18 Uhr geöffnet, manchmal auch länger für Eltern im Schichtdienst. Sie bieten Ganztags-, Halbtags- und (vereinzelt) Springerplätze an. Die Anzahl der Kinder pro Betreuer, die Größe der Innen- und Außenflächen sowie die Ausstattung sind gesetzlich geregelt.

Meistens kümmern sich zwei Fachkräfte um 15 bis 25 Kinder. Mindestens einer der beiden Betreuer muß einen staatlich anerkannten Abschluß als Erzieher nachweisen können. In guten Kindertagesstätten wird der Tag durch ein spezielles Programm abgedeckt, so daß die Kindern unter Anleitung ihre Fähigkeiten erweitern können.

Die Kosten variieren. Staatliche, städtische oder kirchliche Einrichtungen werden staatlich gefördert, dementsprechend niedriger fällt der Elternanteil aus. Bei Elterninitiativen und anderen privaten Tagesstätten müssen die Eltern tiefer in die Tasche greifen. Wieviel Sie für die Betreuung des Kindes veranschlagen müssen, hängt von Ihren persönlichen Wünschen ab. In jedem Falle sollten Sie aber nicht vergessen, zusätzlich anfallende Kosten für öffentliche Verkehrsmittel, Benzin oder sogar ein zweites Auto einzurechnen – und die Zeit, die Sie für die Wege aufwenden müssen. Alle Kosten zusammengenommen, kann Sie die Betreuung in manchen Fällen teurer kommen, als Sie durch das zusätzliche Einkommen bezahlen können.

Eine erfreuliche Entwicklung stellt die Tatsache dar, daß immer mehr Arbeitgeber Einrichtungen auf dem Firmengelände zur Verfügung stellen. Das spart Wege, und die Eltern können ihre Kinder während der Kaffee- oder Mittagspause besuchen. Der Arbeitgeber wiederum profitiert davon, daß seine Angestellten entspannter und zufriedener sind.

Tagesmütter

Tagesmütter sind Mütter, die eine offizielle Genehmigung besitzen, bis zu fünf fremde Kinder regelmäßig in ihrer eigenen Wohnung zu betreuen. Das Alter der Kinder ist für gewöhnlich gestaffelt, und eines der Kinder kann ein Baby sein. Die Wohnung wird von Mitarbeitern des Jugendamtes auf ihre Sicherheit hin inspiziert und der Betrieb regelmäßig überprüft. Lizenzen sind nicht leicht zu bekommen und können auch wieder entzogen werden.

Achten Sie bei der Wahl der Tagesmutter darauf, wie erfahren sie ist, ob sie ihre Sache gut macht und ob sie Spaß dabei hat. Verlassen Sie sich auf Ihr Gefühl gegenüber ihrer Person und dem ganzen Haushalt und schauen Sie sich das Verhalten der anderen Kinder an.

Es gibt ein statistisch gesehen geringes, aber dennoch nicht zu unterschätzendes Risiko des Kindesmißbrauchs, sei es durch den Ehemann der Tagesmutter, ältere Jungen und Mädchen, durch Handwerker oder andere Besucher in einer Tagesstätte. (Bei Studien in verschiedenen Kliniken wurde festgestellt, daß 10 % aller ernsten Mißbrauchsfälle im Rahmen einer Betreuungssituation geschahen.) Ein Kriterium dafür, ob Ihr Kind reif für die Betreuung durch andere ist, sollte daher sein, ob es Ihnen schon deutlich mitteilen kann, wenn etwas nicht in Ordnung ist.

Der große Vorteil einer Tagesmutter ist, daß Ihr Kind in einer Art Zuhause betreut wird und mit ein bißchen Glück eine stabile Beziehung aufbaut, weil es sich als Individuum wahrgenommen fühlt. Allerdings ist für diesen Prozeß viel Zeit und Gewöhnung nötig. Aber wenn Sie Glück haben, wird diese Person eine Familienfreundin und eine liebenswerte Bereicherung im Leben Ihres Kindes.

Bei einer Tagesmutter kommt es auch für Sie selbst stärker auf die persönliche Beziehung an als bei den Betreuern in einer Tagesstätte.

Nehmen Sie sich also Zeit, lernen Sie die Tagesmutter bei einer Tasse Kaffee besser kennen und freunden Sie sich mit ihr an. Suchen Sie auch ruhig mehrere Tagesmütter auf und schauen Sie, ob es »funkt«. Diese Beziehung ist zu wichtig, um sie dem Zufall zu überlassen.

Die Kosten für eine Betreuung Ihres Kindes durch eine Tagesmutter können stark schwanken. Informieren Sie sich gegebenenfalls beim Jugendamt über die ortsüblichen Tarife.

Kindergärten

Kindergärten sind die üblichsten Einrichtungen, in denen Kinder zwischen drei und fünf langsam und spielerisch auf die Schule vorbereitet werden. Fast alle Eltern haben eine äußerst positive Einstellung dazu und bringen ihr Kind dort unter, sowie es die geistige und körperliche Reife dafür erreicht zu haben scheint.

Kindergärten sind eine gute Alternative zur Eigenbetreuung, weil man dort in der Regel ein pädagogisches Konzept verfolgt und nicht allein den Zweck zu erfüllen versucht, Kinder sicher unterzubringen. Kindergärten sind überwiegend halbtags, manchmal bis in den frühen Nachmittag hinein geöffnet. Die meisten Kinder besuchen ihn an weniger als fünf Tagen in der Woche. (Pädagogen unterstreichen, daß tägliche Anwesenheit für eine feste Bindung an die Gruppe und die Betreuer nicht nötig ist.)

Wegen ihrer kurzen Öffnungszeiten eignen Kindergärten sich besser für Eltern, die zu Hause sind, als für Eltern, die einer regelmäßigen Arbeit nachgehen und längere Zeiträume überbrücken müssen.

Kindermädchen

Kindermädchen werden von Ihnen angestellt, um sich ausschließlich um Ihre Kinder zu kümmern. Das ist kostspielig; zudem kann die Qualität der Betreuung von Person zu Person sehr stark schwanken. (Paßt das Kindermädchen tatsächlich auf Ihr Kind auf oder sieht es die ganze Zeit nur fern?) Die Arbeit eines Kindermädchens kann für jemanden, der nicht dazu berufen ist, eine sehr einsame Angelegenheit sein, und dann sind es letztlich Ihre Kinder, die unter der Unzufriedenheit Ihres Kindermädchens zu leiden haben.

Eine Mutter, deren einjähriger Sohn in sechs Monaten drei Kindermädchen »verschlissen« hatte, bemerkte: »Schließlich ist es kein Vergnügen für eine Siebzehnjährige, den ganzen Tag allein mit einem Baby zu verbringen.« (Aber umgekehrt, so wollen wir hinzufügen, ist es das für ein Baby genausowenig!) Es gibt jedoch auch hervorragende Kindermädchen, die eine Hilfe für die ganze Familie sind; und schließlich bietet die »Kindermädchen-Lösung« einen großen Vorteil: Ihr Kind wird zu Hause betreut.

Es gibt aber einen Nebeneffekt, der vielen Eltern bekannt sein dürfte, weil er immer dann auftritt, wenn ihr Kind gut

versorgt wird: In einer Studie bei vermögenden nordameri-
kanischen Familien wurde festgestellt, daß ein gutes Kindermädchen die Mutter-Kind-Beziehung stark beeinträchtigen
kann, weil das Kind sich naturgemäß von der Person ange-

zogen fühlt, die ihm Zuwendung und Wärme schenkt. Das
ist ein verständliches Problem, aber es entsteht nur durch
Überbeanspruchung.

Es läßt sich leicht lösen, indem man die Zeit, die Vater,
Mutter und Kindermädchen mit dem Kind verbringen,
gleichmäßiger verteilt. Schließlich ist es kein Fehler, mehrere Menschen zu lieben!

Familie und Freunde

Daß Großeltern, Tanten, Freunde und Nachbarn sich ebenfalls um die Kinder kümmern, ist nach wie vor eine alltägli-
che Erscheinung. Vor allem Familien mit ausländischer Her-
kunft bevorzugen diese Art der Betreuung, weil ihre familiären und kulturellen Bindungen stärker ausgeprägt sind.

Auch wenn Freunde oder Verwandte mitwirken, gilt es, ein Arrangement zu treffen, mit dem alle Beteiligten zufrieden sind – natürlich besonders die Kinder. Im allgemeinen sind Kinder allerdings für die Liebe und Fürsorge von Verwandten sehr empfänglich, denn schließlich gehören sie zur Familie. So spricht vieles für diese zeitlose Form der Kindererziehung.

Disziplin und Zuwendung – für Betreuer ein schwieriges Thema

Die wichtigste Aufgabe des Betreuers ist es, Ärger zu vermeiden und geschickt die Auseinandersetzungen zu umgehen, die sonst zwischen Kindern und Eltern stattfinden müssen, damit Kinder wichtige Lektionen lernen. Kinder, die sich in einer Gruppensituation nicht benehmen können, müssen die Betreuer abzulenken und zu beruhigen versuchen; eine Konfrontation sollten sie nach Möglichkeit vermeiden. (Es wäre auch nicht im Sinne engagierter Eltern, wenn die Betreuer zu größeren disziplinarischen Maßnahmen schritten.)

Ebenso verhält es sich mit der Zuneigung: Auch sie kann nur dosiert an die Kinder weitergegeben werden. Den Mittagsschlaf halten die Kinder auf einer Matte und nicht im Lehnstuhl auf dem Arm eines liebevollen Verwandten. Wollte das Betreuungspersonal Vergleichbares leisten (und oft würde es das gerne), so wäre das schon rein zeitlich unmöglich.

In der Kinderbetreuung kann ein Kind sich viel eher Aufmerksamkeit verschaffen, wenn es Probleme macht, denn der Betreuer kümmert sich zuerst um aggressive oder wütende Kinder. Ein friedliches Kind kann dagegen völlig untergehen. Dabei entsteht dann auch das sogenannte »Problemkind«-Syndrom, von dem viele Erzieher uns berichtet haben.

Ein Kind kann sich dieses Attribut schon in den ersten Tagen zuziehen, auch wenn es sich vielleicht nur schwertut, sich an die neue Situation zu gewöhnen. Der Ruf als Problemkind bleibt dann aber an ihm haften, von Erzieher zu Erzieher und von Jahr zu Jahr, bis es in die Schule kommt.

Eltern gehen mit ihrem Kind ganz anders um als mit irgend jemand anderem. Und das stellt Betreuer, die selbst Eltern eines Kleinkindes sind, vor manches Problem. Wir sprachen einmal mit einer Krippenleiterin, die ihr eigenes Kind in einer anderen Krippe als der, in der sie arbeitete, untergebracht hatte. Sie hielt es für unfair gegenüber den Kindern ihrer Gruppe, ihr eigenes Kind dabei zu haben, während sie sich gleichzeitig um die anderen Kinder kümmern sollte. Eine andere Betreuerin wiederum nahm genau die entgegengesetzte Haltung ein: Es wäre ihr im Traum nicht eingefallen, ihr Kind wegzugeben.

Wir Eltern hegen ein intensives Interesse an unseren Kindern. Denken Sie daran, wie Sie Ihre Freunde mit Berichten über jeden kleinen Fortschritt Ihres Kindes langweilen! Aber ist es, aus der Sicht des Kindes betrachtet, nicht auch völlig naheliegend, daß das Kind viel lieber von Menschen umgeben ist, die es lieben, die gerne sehen wollen, wie es wächst und lernt, und die persönlich Anteil nehmen und auf seine Fortschritte stolz sind? Auch wenn eine bezahlte Kraft ein echtes Interesse am Wohlbefinden und an den Fortschritten der Kinder entwickeln kann, so wird dieses Interesse doch niemals über Sympathie und eine eher allgemeine Wohlgesonnenheit hinausgehen können. Was ein professioneller Betreuer einem Kind zu bieten hat, kann sich mit der Intensität der elterlichen Anteilnahme niemals messen.

Das eigentliche Problem – isolierte Mütter

Es gibt zwei Gründe, die Mütter zur Rückkehr in die Arbeitswelt bewegen, auch wenn sie lieber zu Hause blieben.

Der eine ist finanzielle Abhängigkeit. Auf das Einkommen des Partners angewiesen zu sein kann eine Quelle von Ängsten und Zweifeln sein. Außerdem kann bei Müttern ohne eigenes Einkommen schnell das Gefühl entstehen, ihre Arbeit, die »nur« darin besteht, sich um die Kinder zu kümmern, sei wertlos.

Der zweite Grund ist, daß einem schlicht die Decke auf den Kopf fallen kann, wenn man den ganzen Tag ausschließlich in der Gesellschaft kleiner Kinder zubringt. Das ist ein echtes Problem, aber nicht die Schuld des Kindes. Der Grund ist unser Lebensstil. Unsere Vorstädte und Wohnviertel mögen hübsch aussehen, aber oft sind sie sehr einsame Orte. Wir leben in der Umgebung von Fremden, und manchmal kann sich der einzige soziale Kontakt eines Tages in einer Fahrt zum Supermarkt erschöpfen. Man kann diese Eintönigkeit durchbrechen, wenn man die lokalen Angebote in Gemeindezentren und kirchlichen Einrichtungen wahrnimmt oder sich Spielgruppen, Schwimmclubs oder anderen Organisationen anschließt. Dazu jedoch braucht man Selbstvertrauen und die Fähigkeit, sich in bestehende Gruppen einzufügen.

Man könnte also durchaus die Ansicht vertreten, daß es einem äthiopischen Bauern oder einem Slumbewohner in Kalkutta zumindest im Hinblick auf seine soziale Einbettung und sein Bedürfnis nach reiner Menschlichkeit besser geht als einem Bürger der westlichen Welt.

Auch die beste professionelle Betreuung ist immer noch Fremdbetreuung

Es wird viel darüber geredet, daß die Güte der Betreuung von entscheidender Bedeutung ist. Selbstverständlich hält niemand etwas von überfüllten Kindertagesstätten mit lieblosen und hartherzigen Betreuern. Aber »qualifizierte Betreuung« wird oftmals so betrachtet, als sei sie der elterlichen Fürsorge ebenbürtig, wenn nicht sogar ihr vorzuziehen.

Betreuung und Liebe sind zweierlei

Die Frage ist, ob Kinder von ihren erwachsenen Betreuern, zu denen sie in einer langfristigen Beziehung stehen und denen sie Liebe und Vertrauen schenken, stetige Zuneigung erfahren. Der Knackpunkt ist also die Liebe und die Frage danach, wie sich die Betreuer genügend Kraft für stetige Zuneigung bewahren können. Einiges läßt sich erreichen, wenn man daran geht, Schichtzeiten für Betreuer einzuführen, die Größe der Gruppen zu kontrollieren, eine Gruppe über längere Zeiträume hinweg von einem Betreuer führen zu lassen und die Anzahl der Erwachsenen, die mit den Kindern zu tun haben, zu beschränken.

Die Debatte um die Qualität der Betreuung kreist im allgemeinen um Themen wie Ausbildung des Personals, Ausstattung, Ernährung und pädagogisches Programm. Alle diese Punkte sind relevant, aber sie gehen an der Frage nach der Qualität der Beziehungen vorbei. Selbst in der bestmöglichen Umgebung ist das Problem, daß hier ein kleiner Mensch mit zwanzig oder dreißig verschiedenen Bezugspersonen konfrontiert wird, nicht völlig aus dem Weg zu schaffen.

Der Gebrauch des Wortes »Betreuung« an sich ist schon recht zweifelhaft, handelt es sich dabei nun um »Beaufsichtigen«, um »Ausbilden« oder um »Großziehen«. Wenn ein Baby oder Kleinkind acht oder neun Stunden täglich mit Menschen verbringt, die von Berufs wegen mit seiner Betreuung beauftragt sind, dann sind es tatsächlich diese Betreuer, die das Kind großziehen, und in nur geringem Maße die Eltern selbst. Aber niemand in der ganzen Branche denkt, daß das Betreuungspersonal in die Rolle der Eltern schlüpfen soll. Es wird immer noch vorausgesetzt, daß Eltern nach wie vor alles Notwendige leisten, auch wenn die Zeit des Eltern-Kind-Kontaktes schrumpft, schrumpft und schrumpft. Ein Kind, das fremdbetreut wird, entwickelt unter Umständen niemals die Fähigkeit zu Nähe und Intimität und läuft Gefahr, später im Leben zu scheitern.

Pädagogen haben hehre Ziele, aber die Realität sieht ganz anders aus. Viele Studenten und Berufsanfänger, mit denen wir sprachen, berichteten davon, wie sehr die Realität in einer Kindertagesstätte von den Unterrichtsidealen, die man ihnen an der Universität oder der Akademie vermittelte, abwich. Von den dort geforderten individuell zugeschnittenen Programmen für Kinder und von Eins-zu-Eins-Interaktion konnte im Berufsleben keine Rede mehr sein. Der Beruf des Erziehers ist mit sehr viel Streß verbunden, und Gesundheitsprobleme, schneller Stellenwechsel und völliges Burnout sind unter Leitern und Angestellten weit verbreitet.

Die Vorstädte wiederbeleben

Blieben mehr Eltern tagsüber zu Hause, dann würde sich die Lage in den Vorstädten schnell verbessern. Mancherorts geschieht schon etwas, es entstehen Spielgruppen und Nachbarschaftstreffpunkte oder andere formelle und informelle Netze für Männer und Frauen. Zum Teil sind sie auf Kinder ausgerichtet, andere dienen der Selbstfindung, dem Umweltschutz oder der Familienunterstützung ganz allgemein.

Wenn immer mehr Männer sich ihren Familien widmen und immer mehr Menschen (dank des Computers) von zu Hause aus oder einfach kürzer arbeiten, dann werden die Vorstädte sich von verlassenen Schlafstätten in lebendigere Orte verwandeln, in denen es sich gut und gerne leben läßt.

Auf der Suche nach der besten Lebensform

Auf einem bewaldeten Hügel, der den Hafen von Hobart überragt, steht eine kleine Gruppe von Häusern, die sich etwas von den konventionell gebauten in ihrer Nachbarschaft abheben. Sie sind in warmen Erdfarben gehalten und aus tasmanischem Holz meisterhaft gezimmert. Was mehr ins Auge fällt, ist die Tatsache, daß keine Straßen, sondern nur hübsche eingewachsene Wege zu den Häusern führen und die Parkbuchten diskret am Rand des drei Morgen großen Anwesens eingerichtet sind.

Wir schauen auf Cascade Cohouse – eine Lebensgemeinschaft von Leuten ganz verschiedenen Alters, die in Nordeuropa vielerorts schon lange mit Erfolg praktiziert wird und nun auch in Australien Fuß zu fassen beginnt. Für eine junge Familie, die in der Stadt leben muß, könnte das die perfekte Alternative sein.

Die Anlage

Cascade Cohouse besteht aus 15 Gebäuden, die sich an den Hügel schmiegen. Sie sind in einem großen Bogen angeordnet, der am gemeinschaftlich genutzten Haupthaus endet.

Ein großer, einladender »Dorfplatz« befindet sich in der Mitte der Anlage, und zwischen den Gärten und Terassen hindurch schlängelt sich ein Spazierweg. Nach Fertigstellung werden hier etwa 40 Personen leben, und wie in jeder Eigentumswohnanlage werden sie einen Anteil am Gemeinschaftseigentum besitzen. Vorne grenzen die einzelnen Häuser an den gemeinschaftlich genutzten Teil, und hinter jedem Haus erstreckt sich ein Garten.

Das schönste ist jedoch, daß alle 40 Bewohner das große Gemeinschaftshaus nutzen können, mit einem Speisesaal für 40 Personen, einem Spielzimmer für Kinder, einer gut bestückten Werkstatt, Meditationsräumen, Büros und Küchen. Die Bewohner können frei wählen, ob sie in Gesellschaft oder für sich sein wollen.

Cascade Cohouse ist keine Kommune, aber eine echte Gemeinschaft. Eine der angenehmsten Errungenschaften ist das gemeinsame Abendessen. Jeder Erwachsene ist eingeteilt, ab und zu für die ganze Gemeinschaft zu kochen, zur Zeit meist einmal innerhalb von acht Wochen. Demnächst sollen diese gemeinsamen Mahlzeiten an vier Abenden in der Woche stattfinden. Für berufstätige Väter oder Mütter kann es ein große Entlastung sein, sich

einfach mit der ganzen Familie an einen gedeckten Tisch zu setzen, anstatt nach der Arbeit noch selbst auf die Schnelle ein Essen
produzieren zu müssen.

Ein sicherer Ort für Kinder

Ian und Jane, zwei der Gründungsmitglieder, und ihre zweijährige Tochter finden diese Lebensform geradezu ideal. Sie können,
wenn sie es wünschen, zwei- oder dreimal pro Woche ausgehen
und immer sicher sein, daß für ihr Mädchen bestens gesorgt wird.
Und die Kleine kann problemlos ihre gleichaltrigen Freunde besuchen. Da sich alle Mitglieder dieser »Wohngemeinschaft" schon
vorher kannten, besteht eine Atmosphäre von Vertrauen und von
Zusammengehörigkeit.

Für die Eltern, die tagsüber zu Hause bleiben, ist es ein Leichtes,
vor die Tür oder zum Gemeinschaftshaus zu gehen, um sich ein
wenig mit den Nachbarn zu unterhalten und Gesellschaft zu finden.
Und schließlich gibt es sogar eine Wohnung für Gäste.

Auch ältere Leute müssen sich nicht mehr unsicher oder einsam
fühlen, sie genießen den Schutz und die Unterstützung der Gemeinschaft, ohne jedoch ihre Privatsphäre zu verlieren.

Eine kostengünstige Alternative

Der große Vorteil dieser Art von Eigentum besteht darin, daß auch
große Grundstücke und Anwesen bezahlbar werden, wenn mehrere Familien zusammenlegen, und viele Kosten, die jede Familie
sonst alleine tragen müßte – Grundbucheintragung, Kanalan-
schluß etc. und gegebenenfalls auch die Baukosten – können bis
zu einem Drittel eingespart werden.

Außerdem erwirbt man eine Lebensqualität, die für Geld allein
nicht zu bekommen ist: Kameradschaft, Sicherheit, gemeinsame
Mahlzeiten, niedrige Fahrtkosten durch Fahrgemeinschaften und
vieles mehr. Manche dieser Wohngemeinschaften in Europa besitzen sogar gemeinsame Ferienhäuser und Jachten und einen eigenes Schwimmbad mit Sauna.

Konträre Ansichten – die Meinung der Experten

»Mangelnde Betreuung kann Kindern schaden. Wenn Babys oder Kleinkinder über längere Zeiträume unbeaufsichtigt oder unbeschäftigt bleiben, wenn es an Disziplin oder einem durchdachten Programm fehlt oder wenn ein weinendes Kind nicht getröstet wird, dann kann die Kinderbetreuung eine für Eltern und Kind gleichermaßen unerfreuliche Erfahrung darstellen.«

Wahlprogramm der Labor Partei, australische Bundeswahl 1993

»Ich habe Müttern, die Karriere machen wollten, nie davon abgeraten. Aber ich halte es für grausam, Mütter, die lieber bei ihrem Kind bleiben wollen, dazu zu zwingen, es Fremden anzuvertrauen. Wenn eine Mutter mit ihrem Kind zu Hause bleiben will, so sollte der Staat sie, wie es in vielen europäischen Ländern üblich ist, finanziell unterstützen.«

Benjamin Spock, Mercury, Hobart, November 1992

»Nach meiner Erfahrung ist eine intensive Betreuung in einer Gruppe nicht nur gut für jedes Kind, seine Entwicklung hängt auch maßgeblich davon ab. Fernab der Enge der Eltern-Kind-Beziehung profitieren die Kinder von der anregenden Atmosphäre des Kindergartens. Sie erfahren eine Erweiterung ihres Horizonts und lernen, mit anderen zu teilen und gemeinsam etwas anzupacken. Sie verbringen ihre Zeit mit Erwachsenen, die ihre Gegenwart schätzen und Tag für Tag auf ihre Bedürfnisse eingehen.

Ihre Kreativität und ihre Selbständigkeit entwickeln sich in zunehmendem Maße. Zugleich lernen sie die wenige Zeit schätzen, die sie mit ihren Eltern verbringen; die Gegenwart der Eltern wird seltener und dadurch wertvoller.«

Rosemary Lever, Such Sweet Sorrow

»Es ist nicht so einfach, sein Kind wirklich gut unterzubringen. Selbst wenn es Ihnen gelingt, werden Sie Ihren Tagesrhythmus nach den Bring- und Abholzeiten, die zu Ihren täglichen Pflichten hinzukommen, ausrichten müssen.

Wenn es Ihnen auch nur entfernt so geht wie mir, werden Sie außerdem damit zurechtkommen müssen, täglich zwischen den widersprüchlichsten Gefühlen hin- und hergerissen zu sein, zwischen Glück und Freude und bedrückenden Zweifeln, ob Sie die richtige Einrichtung gewählt haben, ob das Kind glücklich ist und ob Sie ihm genügend Zeit und Aufmerksamkeit widmen.«

Rosemary Lever, Such Sweet Sorrow

»Es ist eine Tatsache, daß Kinder von berufstätigen Eltern sich genauso positiv entwickeln wie Kinder von Eltern, die nicht arbeiten. Entscheidend ist nicht die Quantität, sondern die Qualität der Zeit, die Sie mit Ihrem Kind verbringen.«

Christopher Green, Toddler Taming

»Regelmäßige Abwesenheit der Eltern kann für Kinder unter drei Jahren schädlich sein. Die meisten Kinder können erst im Alter von drei bis sechs Jahren vom regelmäßigen Besuch einer qualifiziert geführten Kindergruppe profitieren. Unter Vorschulpädagogen ist man sich aber einig, daß selbst dann noch der positive Effekt geschmälert oder sogar zunichte gemacht werden kann, wenn der Kindergartentag länger als sechs Stunden dauert.«

Selma Fraiberg, Kinderpsychologin, zitiert von Karl Zinsmeister in »Hard Truths about Day Care«, Readers Digest, Januar 1989

»... Kleinkinder, die Tagesstätten besuchen, zeigen eine größere Neigung, sich ihrer Mutter zu entfremden oder eine instabile Beziehung zu ihr zu entwickeln, als Kinder, die zu Hause oder erst später in einem Kindergarten betreut werden, und sie lassen sich auch eher einmal zu Schlägen, Tritten, Drohungen und Streitereien hinreißen.

Merkmale von Kindern, die schon früh von Dritten gepflegt wurden, sind: vermehrte Aggressionen, geringere Kooperationsbereitschaft, geringere Toleranz gegenüber anderen Meinungen und gegenüber Frustrationen, häufiges Fehlverhalten und manchmal auch Rückzug auf sich selbst.«

Karl Zinsmeister, Hard Truths about Day Care, Readers Digest

»... Tatsache ist, daß Kinderbetreuung eine Erfindung für Erwachsene ist, und Untersuchungen, ob Kinder daran Schaden nehmen oder davon profitieren, stehen noch aus. Bei der Kinderbetreuung geht es um die finanzielle Lage und die Bedürfnisse und Wünsche von Erwachsenen.«

Bob Mullen, Are Mothers really necessary

»Bruner (1980) kommt zu dem Schluß, daß eine Betreuung durch Dritte in ihrer derzeitigen Form bei mindestens einem Drittel, wenn nicht sogar der Hälfte der betroffenen Kinder zu Problemen führen wird.«

Bob Mullen, Are Mothers really necessary

»Sheila Kitzinger stellt fest, daß die Kindererziehung in ein negatives Licht geraten ist und als ›Unterbrechung des echten Lebens‹ ihr gesellschaftliches Ansehen eingebüßt hat. Sie ergänzt, daß die negative Einstellung gegenüber Mutterschaft und Erziehung von einer bestimmten Sorte Mütter in die Gesellschaft getragen wird: von jenen, die Mutterglück als ein hirnloses Gefühl, eine sentimentale Form von Schwachsinn verdammen. Nach Kitzingers Ansicht ist die Einstellung der Frauenbewegung zur Mutterschaft zwiespältig.«

Bob Mullen, Are Mothers really necessary

»Eltern sind bei der Geburt ihres ersten Kindes oft davon überrascht, welch intensive Liebe sie für ihr Kind empfinden. Eine junge Mutter erzählte mir vor kurzem, daß sie geradezu ›umgekrempelt‹ sei. Sie bekleidete eine führende Position in einer großen Bankgesellschaft und hatte sich während ihrer Schwangerschaft schon verpflichtet, bald wieder an ihren Posten zurückzukehren.

Als ich sie traf, wunderte sie sich darüber, wie sehr die Geburt ihres Kindes sie verändert habe, welches Glück sie empfinde und wieviel mehr Liebe sie noch in sich spüre, so daß der bloße Gedanke, ihr Baby jemand anderem anzuvertrauen, ihr schon Schmerzen bereite.«

Rosemary Lever, Such Sweet Sorrow

»Irgendwie habe ich mich ja schon mit der furchtbaren Tatsache abgefunden, daß ein ungelernter Verkäufer doppelt so viel verdient wie ein Erzieher und daß der Unternehmensberater, der unsere Firma betreut, 150$ pro Stunde für seine Expertisen und sein fachmännische Beratung in Rechnung stellt!

Als ich aber der wunderbar netten Dame, die einmal auf unseren Sohn aufgepaßt hatte, zehn Dollar in die Hand drückte, wurde mir richtig übel. Beim bloßen Gedanken daran wird mir immer noch schlecht.«

Kristi Cockburn, ITA, Oktober 1989

Unsere Empfehlungen

Entscheidungen sollten sich immer am Entwicklungsstand unserer Kinder orientieren. Wie schon oben erwähnt, gibt es noch keine aussagekräftigen Untersuchungsresultate, die man auf jedes Kind anwenden kann. Wir Eltern müssen deshalb unseren eigenen Verstand gebrauchen. Hier sind einige Leitlinien, die Ihnen bei einer Entscheidungsfindung helfen können und die ich Ihnen unbedingt ans Herz legen möchte:

Das Alter

Verzichten Sie im ersten Lebensjahr auf jede Form von organisierter Kinderbetreuung. Sorgen Sie dafür, daß immer ein Elternteil zugegen ist, und lassen Sie an Tagen, an denen Sie beide außer Haus sind, oder dann, wenn Sie abends ausgehen, Ihr Baby nur unter der Aufsicht eines vertrauenswürdigen und gut bekannten Babysitters zurück.

Wenn Sie auf organisierte Betreuung nicht verzichten können, so orientieren Sie sich an den folgenden Richtwerten.

✘ **Wenn Ihr Kind noch nicht ein Jahr alt ist:** bis zu einem kurzen Tag, d.h. von 10–15 Uhr, pro Woche.

✘ **Wenn Ihr Kind ungefähr zwei Jahre alt ist:** bis zu zwei kurze Tage pro Woche.

Zu früh, zu lang, zu oft

Es soll auch in Zukunft Einrichtungen zur Kinderbetreuung geben. Wir müssen uns jedoch davor hüten, sie zu sehr in Anspruch zu nehmen. Wir haben das richtige Augenmaß verloren und uns von ökonomischen Zwängen einfangen lassen, ohne auf unser Inneres zu hören.

Als Folge davon werden Kinder zu früh, zu lang und zu oft pro Woche von Dritten betreut. Da die Versorgung mit Betreuungseinrichtungen aber immer noch unzureichend ist, müssen manche Eltern sogar mehrere Einrichtungen täglich beanspruchen, um ihren Bedarf abdecken zu können.

Erzieherische Berufe sind unterbezahlt, und es kommen immer noch zu viele Kinder auf einen Betreuer. Die Betreuung in einer Kindertagesstätte ist zu unnatürlich, zu automatisiert, um kleinen Kindern Halt zu bieten – solche Kindertagesstätten ähneln mehr einer Betreuungsfabrik.

Die Kinderbetreuung wird weiterhin ihren Platz in unserer Gesellschaft haben, aber in viel geringerem Umfang als gegenwärtig. Während heutzutage noch jeder mehr Kindergartenplätze fordert und über lange Wartelisten jammert, ist es gut möglich, daß die Nachfrage eines Tages schrumpft und es genügend Plätze für diejenigen gibt, die sie wirklich brauchen. Babys und Kleinkinder werden wieder von denjenigen gehütet, die es Jahrtausende lang taten, nämlich von den Eltern, Nachbarn und Verwandten, in den Armen und Wohnungen derer, die sie lieben.

✘ **Wenn Ihr Kind ungefähr drei Jahre alt ist:** bis zu drei kurze oder halbe Tage pro Woche.

✘ **Wenn Ihr Kind ungefähr vier Jahre alt ist:** bis zu vier kurze oder halbe Tage pro Woche.

Bei Ihrer Entscheidung sollten Sie immer die individuellen Bedürfnisse Ihres Kindes in Betracht ziehen und seine täglichen Reaktionen berücksichtigen.

Die Art der Betreuung

In unseren Augen könnte man für die verschiedenen Betreuungsmöglichkeiten für ein Kind unter drei Jahren folgende Rangliste aufstellen:

✗ **beste Lösung:** die Betreuung durch einen nahen Verwandten oder Freund, der Ihr Kind liebt und dem Sie vertrauen

✗ **zweitbeste Lösung:** eine vertrauenswürdige und freundliche Tagesmutter, die Sie persönlich kennen*

✗ **drittbeste Lösung:** eine qualifizierte Kinderkrippe mit stabilem Personal, zu dem Sie Vertrauen haben können.

*Wenn Sie keine Tagesmutter finden können, bei der Sie ein gutes Gefühl haben, dann ist die Kinderkrippe wahrscheinlich vorzuziehen.

Für Kinder, die älter als drei Jahre sind, kann eine gute Kindertagesstätte einen echten Wert darstellen. In diesem Alter lernen Kinder Sozialverhalten und profitieren von den gezielten Aktivitäten, dem Platz und dem Material zum Spielen, die eine solche Tagesstätte ihnen bieten kann, und von dem professionellen und motivierten Personal.

Ihr Spielraum

Wie die Bedürfnisse des Kindes müssen auch die der ganzen Familie in Betracht gezogen werden, denn das Kind wird genauso darunter leiden, wenn ein Elternteil erkrankt, eine Ehe auseinanderbricht oder eine Familie aufgrund finanzieller Schwierigkeiten das Dach über dem Kopf verliert.

Die Betreuung Ihrer Kinder durch Dritte ist Ihrer Familie zuträglich, wenn auf Sie folgende Kriterien zutreffen:

1 Sie können ohne sie finanziell nicht überleben, beispielsweise weil Sie arbeiten müssen, um materielle Grundbedürfnisse zu befriedigen.

2   Sie sind angewiesen auf die Spielräume, die Ihnen die Betreuung durch Dritte verschafft, weil Sie sich um ein anderes neugeborenes oder erkranktes Kind kümmern müssen.

3   Sie können Ihrem Kind nicht alles an Anregungen bieten, was es braucht – z.B. Spielmaterial (wenn Sie arm sind) oder Freunde (bei einem isolierten oder Einzelkind).

4   Die Betreuungseinrichtung, die Sie ausgewählt haben, entspricht Ihren Vorstellungen von Sicherheit, Disziplin und Respekt gegenüber der Persönlichkeit Ihres Kindes.

5   Die Betreuer des Kindergartens oder der Kinderkrippe, die Sie ausgesucht haben, legen Wert auf die Pflege langfristiger Beziehungen; man spürt, daß die Betreuer und die Kinder Freunde sind.

6   Die Atmosphäre in der Betreunseinrichtung ist so, daß Sie jederzeit kommen und gehen können, Ihr Kind auch mal zu Hause behalten können und besondere Wünsche und Sorgen äußern dürfen, ohne mit alledem irgend jemandem zur Last zu fallen.

Wenn man die Bedürfnisse des Kindes und eine sich wandelnde familiäre Situation gut gegeneinander abwägt, so kann es gelingen, eine wohl durchdachte und gut funktionierende Lösung zu finden.

Viel Glück dabei!

Gehälter für Eltern

Ein ungewöhnlicher Vorschlag

Kapitel 5

»Eine Gesellschaft, die Kinderbetreuung für berufstätige Eltern subventioniert, sollte in Erwägung ziehen, eine vergleichbare Summe an Eltern zu zahlen, die sich entschieden haben, ihre Vorschulkinder selbst zu Hause zu versorgen.

Es ist eine Tragödie, daß so viele Menschen widerwillig einen Beruf ausüben und ihre Kinder von Fremden großziehen lassen, während gleichzeitig so viele Arbeit suchen und nicht finden können.«

The Age, Leitartikel vom 4. Okt. 1993

Sollen Eltern bezahlt werden?

Eine radikale Idee mit dem Potential, das Leben vieler Familien drastisch zu verbessern, wird zur Zeit in meinem Heimatland Australien landesweit diskutiert. Es ist die Überlegung, daß wir, wenn wir Kinder wirklich wertschätzen und die Familie retten wollen, Vätern und Müttern, die ihr Kind selbst betreuen, ein Gehalt zahlen sollten.

Ich bin Psychologe und Vater – kein Politiker oder Wirtschaftsfachmann (Gott sei Dank!) – und habe mich bisher immer mit dem Mikrokosmos Familie, d.h. mit dem Verhalten von Kindern, mit dem Phänomen von Liebe, Ehe und Kommunikation befaßt.

Angesichts der Entwicklung der australischen Familie in den letzten zwanzig Jahren und nach Tausenden von Elterngesprächen muß ich aber aussprechen, was einfach nicht länger ignoriert werden kann: Die Familie mit doppeltem Einkommen geht am Streß zugrunde.

Sie wissen alle, wovon die Rede ist. Niemals zuvor befand sich die durchschnittliche Mittelschichtfamilie in vergleichbaren finanziellen und emotionalen Nöten, niemals zuvor entzweiten sich so viele Familien wie heute. Ehen zerbrechen unnötigerweise, weil es an der Zeit mangelt, echte Beziehungen aufzubauen. Eltern arbeiten ohne Ende, ruinieren ihre Gesundheit, vernachlässigen oder mißhandeln ihre Kinder und treiben Teenager an den Rand der Verzweiflung.

Solche Zustände herrschten nie zuvor. Schließlich haben Eltern nur drei einfache Bedürfnisse: Sie müssen in der Lage sein, für ihren Lebensunterhalt aufzukommen, sie brauchen eine Wohnung, und sie brauchen Zeit, um ihre Partnerbeziehung zu pflegen und sich um ihre Kinder zu kümmern. Bei aller Bescheidenheit: Ganz ohne zeitlichen und finanziellen Einsatz kann man diese Bedürfnisse nicht stillen; fatalerweise mangelt es uns heute, in den 90er-Jahren, an beidem – an Zeit und an Geld. In dieser Hinsicht versagen die westlichen Industriegesellschaften, und der Traum vom besseren Leben erweist sich als Schimäre.

Die Gleichgültigkeit der Gemeinschaft

Eigenverantwortlichkeit ist zwar nötig, aber manche Probleme gehen über das Lösungspotential des Einzelnen hinaus. Die Welt, in der wir leben – unsere Städte, unsere Gesellschaft – scheint sich zunehmend als furchtbare Fehlentwicklung zu entpuppen. Wir sind in eine Lebensform geschlittert, die niemand wirklich will und die unsere Gesundheit und unser Leben bedroht.

In einigen Punkten können wir jedoch aktiv werden. Wir können unsere Regierungen dazu bewegen, andere ökonomische Prioritäten zu setzen, und wir können versuchen, Einfluß zu nehmen auf die gesellschaftlichen Kräfte, die unser Leben prägen. Wir erziehen unsere Kinder nicht fernab von der Welt, sondern wir leben in einer Umwelt, die uns sowohl positiv wie auch negativ beeinflußt. Als Eltern können wir aber nur innerhalb solcher Strukturen Erfolg haben, die uns bei der Verfolgung unserer Ziele unterstützen. Unsere Gesellschaft hat sich unmerklich zu einem Giftstoff für Familien entwickelt. Und daran müssen wir etwas ändern!

Die Zeit ist reif für einen Wandel. Heutzutage sind Eltern informierter, engagierter und interessierter an ihren Kindern als früher, gleichzeitig aber so sehr mit dem Überleben beschäftigt, daß zwischen Eltern und Kindern eine Kluft entsteht. Keine Generation hat jemals so wenig Zeit auf ihre Kinder verwendet wie unsere.

Was ist schiefgelaufen?

Wissenschaftler und Politiker verschiedenster Richtungen weisen alle auf den gleichen Trend hin: Es gibt Menschen, die mit Arbeit »unterversorgt« sind, und solche, die »überversorgt« sind. Die »Unterversorgten« befinden sich am unteren Ende der sozialen Skala.

In Australien sind dies eine Million Arbeitslose. 650 000 Kinder (25 % des australischen Nachwuchses) leben in Familien, in denen beide Eltern keine Arbeit haben, und es kommen täglich viele neue dazu.

Die mit Arbeit »Überversorgten« arbeiten wöchentlich 50–60 Stunden, nur um ihren Job halten zu können. Wer heute Arbeit hat, kann sich nicht sicherer fühlen als ein Arbeitsloser. Dies gilt insbesondere für Angestellte in Kleinunternehmen oder im öffentlichen Dienst und für Selbständige. Lehrer, Pflegeschwestern und Sozialarbeiter müssen zusätzlich die Aufgaben ihrer entlassenen Kollegen übernehmen, und niemand ist mehr vor Arbeitslosigkeit oder Überlastung gefeit.

Am deutlichsten zeigen sich die Auswirkungen dieser Entwicklung am Lebensstil der 300 000 Familien mit Kleinkindern, in denen beide Elternteile ganztags arbeiten. Ihr Alltag besteht aus Streß von morgens früh, wenn sie in aller Hetze ihre Kinder wegbringen, bis spät in die Nacht, wenn sie versuchen, wenigstens noch ein paar Stunden Schlaf zu ergattern. Der Verdienst übersteigt dabei die Kosten für Kinderbetreuung und Transport nur geringfügig, und was übrig bleibt, geben die Eltern aus, um ihre ewige Abwesenheit bei ihren Kindern »wiedergutzumachen«.

Die Familie mit doppeltem Einkommen versagt

Daß manche Familien von zwei Einkommen leben, ist keine Sünde, hat aber massiven Streß und wenig Zeit für das Familienleben zur Folge. Eine große Zahl junger Mütter sieht sich genötigt, in den Beruf zurückzukehren (26 % davon, bevor ihre Kinder ein Jahr alt sind). Sie geraten unter diesen Druck, weil ihre Partner entweder keine Arbeit haben oder die Kaufkraft ihres Lohnes so gesunken ist, daß sie den Lebensunterhalt für die Familie nicht allein bestreiten können. In manchen Fällen – das muß leider hinzugefügt werden – sind beide Partner auch aus bloßer Gier berufstätig und nehmen anderen, die den Verdienst dringender bräuchten, die Arbeit weg. Ähnlich handeln Leute, die ihre Kinder ihrer

Karriere zuliebe vernachlässigen. Das ist jedoch Gott sei Dank nur eine Minderheit.

Die Wirtschaft will Frauen, nicht Männer

Wir haben schon darauf hingewiesen (s. vorheriges Kapitel), daß im Zuge der letzten Rezession viele Männer ihre Jobs im produzierenden Gewerbe verloren haben. Gleichzeitig ist die Nachfrage für weibliche Arbeitskräfte in schlecht bezahlten Dienstleistungsberufen gestiegen. Das Resultat ist ein Heer von arbeitenden Müttern, die der Balanceakt zwischen Beruf und Familie fast in Stücke reißt.

Frauen haben das gleiche Recht auf Arbeit wie Männer, aber wie steht es mit dem Recht junger Mütter, bei ihren Kindern zu bleiben? Momentan können nur wenige Frauen frei wählen, und die Väter sind ja schon vor langer Zeit der Möglichkeit beraubt worden, viel Zeit mit ihren Kindern zu verbingen; sie verlassen ihre Familien früh morgens und kehren erst nach Einbruch der Dunkelheit erschöpft zurück.

Einst mußten Frauen für das Recht auf Karriere kämpfen. Heutzutage scheinen wir für das Recht eintreten zu müssen, unsere Kinder selbst großziehen zu dürfen. In der modernen Welt ist dieser Kampf auf das engste mit wirtschaftlichen und finanziellen Fragen verbunden. Die Arbeit zu Hause, die einen größeren finanziellen Wert darstellt als die ganze industrielle und landwirtschaftliche Produktion zusammen, muß endlich entsprechend gewürdigt werden.

Daraus ziehen wir den Schluß, daß Eltern ein Gehalt zusteht, das dem Wert entspricht, den sie mit der Erziehung ihrer Kinder erbringen.

Elternlöhne oder Wie man zwei Probleme gleichzeitig löst

Der Gedanke, Eltern zu bezahlen, ist nicht neu und wird von Parlamentariern in regelmäßigen Abständen wieder aufgegriffen. Er ist nicht so abwegig, wie man meint. Schließlich bezahlen wir Menschen für alle Arten von Diensten an der Gesellschaft. Es war beispielsweise eines der zentralen Anliegen aller australischen Regierungen seit der Fraser-Ära, daß Arbeitslosigkeit möglich sein muß, damit die Wirtschaft so einen heilsamen Strukturwandel erfahren kann. Wir in Australien bezahlen derzeit Arbeitslosengeld an eine Million erwerbslose Mitbürger, unter anderem dafür, daß sie uns den gesellschaftlichen Dienst erweisen, arbeitslos zu sein. Sie werden dafür entlohnt, nicht zu arbeiten!

Wir bezahlen auch die Betreuung von Kindern – vorausgesetzt, daß sie von Dritten und nicht von den Eltern selbst übernommen wird. Es herrscht zwar immer noch ein Mangel an Kindertagesstätten, aber sie werden stark subventioniert, und berufstätige Eltern erhalten wöchentlich bis zu 140$, um für die Betreuung der Kinder aufkommen zu können. Wenn Eltern sich aber selbst um ihre Kinder kümmern wollen, gehen sie leer aus.

Die Politik ist voller Widersprüche: Einerseits will unsere, d.h. die Regierung Australiens – und Australien ist dabei nur stellvertretend für alle westlichen Industrienationen – den Menschen die Teilnahme am Berufsleben ermöglichen. Sie stellt Mittel für Kinderbetreuung bereit und hat ein Steuersystem entworfen, das Familien mit zwei Einkommen stark entgegenkommt. Andererseits ist Arbeit knapp, und wir müssen Unsummen aufwenden, um die Arbeitslosen zu unterstützen und die steigende Kriminalität zu bekämpfen, und zugleich gegen die Kostenexplosion im Gesundheitswesen angehen, ganz zu schweigen von all den anderen Problemen, die unsere Gesellschaft belasten.

Was haben wir den Müttern angetan? Warum werden sie gezwungen, die höchst verantwortungsvolle und erfreuliche Aufgabe der Kindererziehung Fremden zu überlassen, während andere weniger Qualifizierte oder Bedürftigere froh wären, ihre Arbeit tun zu dürfen? Diejenigen, die lieber mit ihren Kindern zu Hause bleiben oder bereit sind, sich anderweitig für die Allgemeinheit zu engagieren, dürfen nicht weiterhin gezwungen werden, anderen die Arbeit wegzunehmen.

Unsere Diskussion zielt nicht darauf ab, die Frauen ans Haus zu fesseln. Jeder hat das Recht, sich eine sinnvolle Arbeit zu suchen und hoffentlich auch zu finden.

Männer wie Frauen brauchen die Anregung, die sozialen Kontakte und die Erfolgserlebnisse, die mit der Berufstätigkeit verbunden sind. Aber Erwerbstätigkeit muß immer ein freier Entschluß bleiben. Oft sind Frauen gezwungen, langweilige, niedere Jobs ohne Zukunft anzunehmen. Gleichzeitig stehen sie unter Streß, haben große Kosten und Unannehmlichkeiten und ein schlechtes Gewissen, weil sie ihre Kinder in die Obhut Fremder geben müssen. Daß Frauen überhaupt bereit sind, solche Arbeiten zu übernehmen, liegt daran, daß diese Tätigkeiten oft die einzigen sind, bei denen flexible Arbeitszeiten möglich sind.

Was bedeuten Elterngehälter in der Praxis? Die Einzelheiten müssen gut durchdacht sein. Im folgenden wollen wir ein paar Vorschläge machen, die vielleicht die Diskussion in Gang bringen.

Wieviel sollen Eltern verdienen?

Die jüngsten Vorschläge für ein eventuelles Elterngehalt waren beleidigend niedrig. Wenn man zugrunde legt, daß Kinder rund um die Uhr von fremdem Personal betreut werden, so beläuft sich der Wert der Arbeit, die eine Mutter leistet, auf mehr als 100 000 DM jährlich. Eine angemessene Bezahlung für Eltern dürfte daher eigentlich kaum unter 500 DM wöchentlich liegen.

Ein bezahlbarer Betrag, der Eltern erlauben würde, mit spürbar positiver Wirkung für alle Beteiligten zu Hause zu bleiben, liegt bei ca. 250 DM pro Woche.

Als die Idee der Elternbezahlung zum ersten Mal in der Zeitschrift *Sydney's Child* publiziert wurde, kam von vielen

Natürlich müssen gewisse Vorkehrungen getroffen werden, damit der Wohlfahrtsstaat nicht in die Krise gerät. Elternbezahlung sollte also solchen Familien offenstehen, in denen einer oder beide Elternteile nicht ganztags beschäftigt sind, und entsprechend gekürzt werden, wenn der Elternteil, der als Erziehender gilt, eine Teilzeitbeschäftigung annimmt.

Erziehender Elternteil können sowohl Vater wie Mutter sein, und die Bezahlung ist immer gleich, unabhängig davon, wie viele Kinder zu einer Familie gehören. So besteht für die Eltern kein Anreiz, immer noch mehr Kinder zu bekommen – im Gegenteil. (Das letzte, was wir hier anregen wollen, ist Überbevölkerung!)

Seiten der Vorschlag, auch eine Art Ausbildung für Eltern einzuführen – ein sehr interessanter Gedanke.

Zur Frage, wie lange die Eltern für ihre Erziehungsaufgaben bezahlt werden sollen – eine volle Bezahlung bis zum Erreichen des Schulalters oder eine niedrigere Summe, bis das jüngste Kind achtzehn Jahre alt ist? – gibt es viele verschiedene Meinungen und Möglichkeiten.

Wo soll das Geld herkommen?

Eltern zu bezahlen heißt zwei Fliegen mit einer Klappe schlagen. Die Wirkung auf den Arbeitsmarkt wäre ebenso drastisch wie unmittelbar. Ich vermute, daß ca. 60 % aller jungen Mütter (und eine schwer zu schätzende Zahl von Vätern) ihren Beruf sofort aufgeben würden, wenn ihre finanzielle Situation es gestattete. Eine jüngere Studie des Australian Institute of Family Studies ergab, daß 40 %, und eine andere, daß 20 % bereit wären, eine Teilzeitstelle anzunehmen.

Wenn 40–60 % aller jungen Eltern im Zuge der Elternbezahlung ihren Beruf aufgäben, so würde auf der Stelle eine entsprechende Anzahl an Arbeitsplätzen frei. Diese könnten dann die arbeitslosen Familienversorger oder Berufsanfänger übernehmen. Da – um beim Beispiel Australien zu bleiben – Arbeitslose derzeit wöchentlich 300 DM Arbeitslosen-

> **Schweden löst das Problem anders** – es garantiert dem Elternteil, der seinen Beruf aufgibt, um das Baby zu versorgen, 18 Monate lang 90 % seines vorgeburtlichen Einkommens.

geld erhalten, könnte mit jeder neu vermittelten Stelle immer noch eine Ersparnis erzielt werden.

Kurzfristig betrachtet wären die Kosten für die Elternbezahlung zwar immer noch immens – 5 Milliarden DM, wenn eine halbe Million Familien mit Kindern unter 5 Jahren jeweils 12 000 DM im Jahr erhalten –, aber im Vergleich zu fünf Milliarden DM für Arbeitslose und einem Verteidigungsetat von 9 Milliarden nimmt sich die Zahl schon nicht mehr so astronomisch aus.

Erfreulicherweise wird dieses System langfristig eine ausgleichende Wirkung haben – je höher die Elternbezahlung, um so eher wird sie in Anspruch genommen, um so mehr Arbeitsplätze werden frei und um so mehr Arbeitsuchende bekommen eine Chance. Wir können ja klein anfangen und dann sehen, was passiert!

Mehr Fairneß durch Steuerreform

Elternbezahlung ist nicht der einzige Weg, der Familien dazu bringen könnte, ihre Kinder wieder selbst großzuziehen. Man kann auch die Steuerlast von Familien mit Kindern deutlich verringern. Ehegattensplitting, Kinderfreibeträge, Kindergeld und Arbeitsplatzgarantien, wie sie in Deutschland bereits verwirklicht sind, halte ich für sehr gute Ansätze. Bei uns in Australien sind diese Dinge leider noch Utopie.

Zweifelsohne ist ein Vorgehen in mehreren Schritten vonnöten. Wir brauchen eine qualitative Verbesserung der Kinderbetreuung durch Dritte, vor allem in den Einrichtungen für Drei- bis Fünfjährige. Auch am Arbeitsplatz müssen einige familienfreundliche Neuerungen eingeführt werden: mehr Erziehungsurlaub, flexiblere Arbeitszeiten, Kinderbetreuung am Arbeitsplatz und Urlaub, wenn ein Kind krank wird.

Dort investieren, wo unser Herz schlägt

In unserer Gesellschaft drücken wir unsere Wertschätzung dadurch aus, wie und wofür wir unser Geld anlegen. Mütter und Väter, die zu Hause bleiben und die Kinder erziehen, fühlen sich gegenüber Karrieremännern und -frauen oft minderwertig. Es ist einer der tiefsitzenden Irrtümer, die Arbeit eines führenden Angestellten oder Industriemanagers, der selbst wenig Wertvolles herstellen mag, höher zu bewerten als die äußerst wichtige Arbeit, die Menschen (für gewöhnlich Frauen) im Haus oder in der Gemeinde ohne Bezahlung verrichten.

Die Arbeit, die zu Hause geleistet wird, hat einen monetären Wert und ist ein direkter Beitrag zum Allgemeinwohl und zum Bruttosozialprodukt. Wird diese Tätigkeit unterbewertet, so zahlen wir in anderer Form wieder drauf: im Gesundheitswesen, in der Verbrechensbekämpfung, bei Scheidungen und einer Vielzahl weiterer kostspieliger gesellschaftlicher Probleme.

Wenn wir hohe Geldsummen für Wohnungsprojekte in den Innenstädten, Jugendarbeit und Selbsthilfegruppen aufwenden, so bezahlen wir Leute dafür, nicht auf die Barrikaden zu steigen und keine Verbrechen zu begehen. Wir investieren in das Ergebnis, das wir wünschen.

Eine auch von der Industrie und Wirtschaft vertretene ökonomische These lautet, daß Investitionen in Bergbau, Landwirtschaft, Industrie und Handel (die alle aus Steuermitteln subventioniert werden) zu einem Aufschwung führen, der allmählich auch die Allgemeinheit erfaßt.

Dieses Vorgehen allein führt nicht zum Erfolg, denn es ist nur eine Seite der Medaille. Wir müssen auch in die Familie investieren! Versäumen wir das, werden die daraus resultierenden sozialen Probleme uns in die Knie zwingen.

Wie schon vorher erwähnt – ich bin kein Experte auf diesem Gebiet, aber ich bin mir sicher, daß sich die Familien in den westlichen Industrienationen in einem Krisenzustand befinden. Um das Experiment der Elternbezahlung richtig einschätzen zu können, bedarf es noch vieler Stellungnahmen und komplexerer Berechnungen, aber am Ende wird darüber abgestimmt, und dann sind Sie gefragt.

Was ist Ihre Meinung?

Jungen erziehen

Jungen – die Männer von morgen

Kapitel 6

Haben Sie eine Tochter? Wenn ja, so sieht es gut aus für sie. Dank der Siege, die Frauen in den letzten Jahrzehnten erfochten haben, steht es Ihrer Tochter gleichermaßen offen, Ärztin oder Krankenschwester, Chefin oder Sekretärin zu werden. Sie hat das Recht auf gleiche Bezahlung wie Männer und kann sich auf gesetzlichen Schutz gegen einen gewalttätigen Ehemann berufen. Niemand kann über sie verfügen.

Trotzdem liegt noch eine lange Wegstrecke vor uns. Nach wie vor hat Ihre Tochter nicht die Gewißheit, sich nachts frei und unbelästigt bewegen zu können, und sie wird im Laufe ihres Lebens auf viele Barrieren stoßen, die unsichere Männer vor ihr auftürmen. Einen Mann fürs Leben zu finden, der emotional so stark und gesund ist wie sie, wird sich als ziemlich schwierig erweisen. Deswegen müssen wir die Entwicklung, die der Feminismus in Gang gesetzt hat, vervollständigen und auch die Männer auf den Zug in die Freiheit setzen. Am besten beginnen wir damit ganz früh, bevor aus Jungen Männer werden.

Jungen ein positives Selbstbild vermitteln

Vergegenwärtige Sie sich das Leben von Jungen! Wenn Sie im Radio von Übergriffen einer Jugendbande hören, dann können Sie ziemlich sicher sein, daß Jungen daran beteiligt sind, nicht Mädchen. Ist von Selbstmorden bei Teenagern die Rede, so sind es in vier von fünf Fällen Jungen. Derjenige, der einen Unfall baut, der Urheber einer Verfolgungsjagd, das Problemkind der Klasse, der Einbrecher, der Serienmörder, der organisierte Verbrecher, der Diktator, warum ist das immer ein Mann?

> **Jungen haben in der Schule fünfmal** so oft mit Lernschwierigkeiten zu kämpfen und legen zehnmal so häufig Problemverhalten an den Tag wie Mädchen. Wenn sie erwachsen sind, liegt ihre Autounfallrate viermal höher und sie haben neunmal so oft Gefängnisstrafen abzusitzen wie gleichaltrige Frauen.

Wenn Ihre Kinder Jungen sind, dann reicht es nicht aus, sie zu »normalen« Männern heranwachsen zu lassen, denn die Kennzeichen »normaler« Männer heutzutage sind Angespanntheit, Konkurrenzdenken und emotionales Analphabetentum. Es gilt, einen »neuen Mann« heranzuziehen.

In diesem Kapitel wollen wir darlegen, wieviel mehr Fähigkeiten Jungen entwickeln können, wenn wir unseren Horizont zu ihrem Besten erweitern.

Im ersten Schritt müssen wir uns als Eltern Klarheit darüber verschaffen, welche Art von Männern unsere Söhne werden sollen.

In dem Kasten auf der nächsten Seite sind die Eigenschaften aufgeführt, die Frauen normalerweise in Männern suchen. Es darf durchaus angenommen werden, daß die meisten Männer sich auch gerne selbst so sähen.

Wie sieht der Mann aus,
den wir brauchen?

Die Teilnehmerinnen eines Wochenendseminars über Beziehungen (ihre Männer trafen sich zur gleichen Zeit in einem andern Raum) wurden vom Leiter gefragt, welche Eigenschaften sie bei einem Mann suchen. Nach einigen dahingeworfenen Witzen und nicht druckfähigen Kommentaren begannen sie, ernsthafter darüber nachzudenken. Hier ist die Liste von Eigenschaften, die sie für wesentlich hielten:

LEIDENSCHAFTLICH

SELBSTÄNDIG

TEAMFÄHIG

LIEBESFÄHIG

FÄHIG ZU TRAUERN UND ÄNGSTE ZUZUGEBEN, OHNE UNGEHALTEN ZU WERDEN

RESPEKTVOLL UND UNTERSTÜTZEND GEGENÜBER FRAUEN

FÜRSORGLICH

UNERSCHROCKEN UND STARK IM POSITIVEN SINNE

HÖFLICH ZU DRITTEN

LUSTIG, OHNE DEN NÖTIGEN ERNST ZUR RECHTEN ZEIT ZU VERGESSEN

NATÜRLICH

STABIL UND ZUVERLÄSSIG (ABER NICHT LANGWEILIG)

IN DER LAGE, EINE AUFGABE ZU ENDE ZU FÜHREN UND ETWAS ZU ERREICHEN

LIEBEVOLL, ABER NICHT ANHÄNGLICH ODER ABHÄNGIG

STOLZ, ABER NICHT EGOISTISCH

BESCHÜTZEND, ABER NICHT GEWALTTÄTIG

HAT LUST ZU TANZEN, ZU SINGEN UND ERFREUT SICH ZUM BEISPIEL AUCH AN BLUMEN

KEIN "WORKAHOLIC"

WILD UND FREI

IMPULSIV

Wenn wir also unsere Söhne erziehen, so sollten wir uns an diesen Eigenschaften orientieren. Wenn wir sie im Bewußtsein halten, werden wir bei jedem noch so geringfügigen Vorfall wissen, ob wir einschreiten müssen. Wenn ein Junge gemein zu seiner Schwester ist oder nicht aufhört, sie zu kitzeln, obwohl sie deutlich zum Ausdruck gebracht hat, daß es ihr reicht, dann greifen wir als Eltern ein und verbieten ihm weiterzumachen. Dasselbe würden wir tun, wenn die Schwester gemein zu ihrem Bruder wäre. Und wenn der Junge nach den Gründen fragt, so erklären wir ihm: »Ich will, daß du lernst, den Körper anderer genauso wie deinen eigenen zu respektieren. Wenn jemand zu dir sagt, du sollst aufhören, dann tust du es auch!« Dies ist eine wichtige Lektion für das ganze Leben.

Wie die Gesellschaft mit Jungen umgeht

Es ist etwas Besonderes, etwas Wertvolles an Jungen. Eltern von Kindern beiderlei Geschlechts wissen, daß es einen Unterschied im Wesen von Jungen und Mädchen gibt. Jungen zeigen ihre Gefühle, sie können sich leidenschaftlich engagieren und spielen gerne den Beschützer. Sie lieben Heldentaten und große Ereignisse, haben ein starkes Zusammengehörigkeitsgefühl, Durchhaltevermögen und einen ausgeprägten Sinn für Gerechtigkeit. Sie sind humorvoll, optimistisch und mutig. Wenn ich aber sehe, wie schäbig die Welt mit kleinen Jungen umgeht, wie wenig sie ihre besonderen Eigenschaften schätzt und fördert, dann verspüre ich große Trauer.

Wieviel Handlungsbedarf hinsichtlich der Situation von Jungen besteht, läßt sich an zwei Zahlen besonders deutlich ablesen. Erstens: Nach einer Untersuchung liegt die Selbstmordrate von männlichen Teenagern in westlichen Ländern zwei- bis dreimal so hoch wie bei Mädchen. Zweitens: Eine etwas ältere Studie ergab, daß Väter durchschnittlich sechs Minuten am Tag mit ihren Söhnen reden oder spielen. Beide Zahlen geben uns keinerlei Anlaß, stolz zu sein, und stehen aller Wahrscheinlichkeit nach in Zusammenhang miteinander. Wir müssen darüber nachdenken, wie wir unseren Söhnen zu einer positiveren Entwicklung verhelfen können.

Hier nun haben wir kurz zusammengefaßt, was zu tun ist. Im weiteren werden wir die einzelnen Punkte vertiefen:

1 Jungen brauchen Väter oder zumindest einen sehr guten Ersatz für sie.

2 Väter brauchen bei der Erziehung ihrer Söhne die Unterstützung anderer Männer.

3 Jungen müssen lernen, Mädchen zu respektieren und als ebenbürtig zu begreifen.

4 Wir müssen unsere Jungen vor Verhärtung, Herabsetzung und Entwurzelung durch Gewalt und Banalität schützen. Sie müssen lernen, ihre Sexualität als etwas Besonderes und nicht als etwas Schäbiges zu empfinden.

5 Jungen müssen lernen, selbständig im Haushalt zurechtzukommen.

Wo sind die Väter geblieben?

Vor hundertfünfzig Jahren sah das Leben von Männern und Jungen ganz anders aus. Fast alle Männer arbeiteten in der Landwirtschaft oder übten ihr Gewerbe oder Handwerk im Hause aus. Eine Junge wuchs daher in der Umgebung seines Vaters und anderer Männer der Dorfgemeinschaft oder Nachbarschaft auf.

Seine Onkel, Vettern oder Großväter waren ihm wohlgesonnen und immer bereit, ihm etwas Neues beizubringen. Im Zuge der industriellen Revolution wurde das ganze Sozialgefüge umgekrempelt.

Plötzlich wanderten Millionen von Menschen ab, um in Minen oder städtischen Fabriken zu arbeiten, und die Dörfer blieben verlassen zurück. Da die Männer an sechs Tagen in der Woche fort waren, mußten die Mütter die Erziehung der Söhne übernehmen. So wurde der Satz »Warte, bis dein Vater heimkommt!« zu einer allgemein üblichen Drohung.

Mit dem Verlust des dörflichen Beziehungsnetzes begann auch der Verfall der Familie. Die Anzahl der Kinder betrug vor hundert Jahren noch 6,7 pro Familie, aber wir kennen kaum jemanden, der sich dies noch herbeiwünscht. Familien wurden jedoch nicht nur kleiner, sondern brachen als solche auseinander. Männer verließen ihre Frauen oder heirateten gar nicht erst, und bald gab es eine große Zahl von alleinerziehenden Müttern. Dieser Trend setzt sich bis heute fort, Männer verschwinden einfach von der Bildfläche, und etwa ein Drittel aller Väter spielt ein Jahr nach der Scheidung im Leben der jeweiligen Kinder überhaupt keine Rolle mehr.

Väter können physisch zugegen und emotional trotzdem abwesend sein. Viele berufstätige Männer verlassen früh morgens das Haus und kommen spät abends müde und abgespannt wieder nach Hause. Manche kleine Kinder sehen während der Woche ihren Vater kaum – sie schlafen, wenn er morgens das Haus verläßt und abends wieder nach Hause kommt. Ein arbeitsloser Mann, der sich selbst im Griff hat, kann seinem Sohn unter Umständen ein besserer Vater sein als ein Karrieremensch.

Die Abwesenheit des Vaters geht auch an kleinen Mädchen nicht spurlos vorüber, bei kleinen Jungen jedoch ist sie verheerend. Ob sie sich nun in Aggressionen oder besonderer Mutterbezogenheit äußert, ein Junge ohne Rollenvorbild kann nicht lernen, ein Mann zu sein. Manche Psychologen glauben, daß ein Junge täglich viele Stunden mit Männern verbringen muß, um sein eigenes Rollenverständnis zu entwickeln.

Wie soll ein Junge, dessen Lehrerin eine Frau ist, der bei seiner Mutter lebt und häufig seine Großmutter besucht und der zu Hause nur die Freundinnen seiner Mutter trifft, lernen, sich wie ein Mann zu verhalten? Die Abwesenheit von Männern im Leben unserer Jungen ist ein großes gesellschaftliches Problem.

Was können alleinerziehende Mütter tun?

Auch Frauen können gesunde Jungen heranziehen. Nach Gesprächen mit vielen alleinstehenden Müttern glaube ich aber, daß sie dazu einem bestimmten Plan folgen müssen.

Fest bleiben und warmherzig sein

Alleinerziehende Eltern vollführen unentwegt den Balanceakt zwischen Standfester Liebe und Sanfter Liebe. Eine alleinstehende Mutter läuft daher Gefahr, über der Festigkeit, die ihr Sohn braucht, ihre Wärme zu verlieren. In der Regel verhalten sich Frauen im Umgang mit anderen Menschen weniger ruppig. Unter Männern ist es z. B. durchaus normal, einander in einem männlich-freundschaftlichen Sinn mit »Nicht du schon wieder!« oder »Na, du Flachpfeife!« zu begrüßen.

Es fällt Männern leichter, Disziplin zu verlangen oder ein offenes Wort auszusprechen. Genauso kann es manchmal passieren, daß eine Mutter fester gegenüber ihrem Kind auftreten will, ihr Partner aber gerade versucht, weniger hart zu sein und mit mehr Vernunft an die Dinge heranzugehen.

Warum Jungen über die Stränge schlagen

Markus ist vierzehn Jahre alt und streift gerne abends mit seinen Freunden auf dem Fahrrad durch die Gegend. Eines Abends kommt er zu spät zum Abendessen. Seine Eltern sind unzufrieden und beschweren sich, aber sein Vater nimmt die Sache nicht so wichtig. Am Ende einigen sie sich darauf, daß Markus kommen kann, wann es ihm gefällt, aber vor Einbruch der Dunkelheit wieder zu Hause sein muß. Sein Abendessen wird so lange im Ofen warmgehalten.

Einige Wochen später kommt Markus wirklich spät, erst gegen neun Uhr, nach Hause und entschuldigt sich damit, daß es noch nicht ganz dunkel war. Seine Mutter ist außer sich, aber der Vater sagt: »Soll er doch ruhig erst um zehn kommen, so lange er keine Dummheiten anstellt. Jungen brauchen ein bißchen Freiheit.«

Einige Tage später wird Markus von der Polizei nach Hause gebracht. Er hatte in einem nahegelegenen Einkaufszentrum einige CDs gestohlen. Gegen seine Kameraden wurde der gleiche Vorwurf erhoben.

Markus' Eltern, insbesondere sein Vater, wollten Ärger vermeiden und haben dabei nicht erkannt, daß Markus ab einem bestimmten Punkt begann, die Regeln zu brechen, weil er Beachtung finden wolte. Je großzügiger die Regeln ausgelegt wurden, desto massiver mußte er dagegen verstoßen.

Markus' Vater ist ein leitender Angestellter und oft auf Auslandsreisen. Er ist intelligent und erkennt, daß sein Sohn seinen Vater braucht. Deshalb entscheidet er sich gegen eine Beförderung, die mit noch mehr Reisen verbunden gewesen wäre, um mehr Zeit zu Hause zu verbringen. Dieser Schritt ist zwar ein materieller Verlust, aber er bewahrt Markus vor dem Gefängnis, denn nun wird er mit seinem eigenen Verhalten konfrontiert, und, was noch wichtiger ist, sein Vater nimmt aktiven Anteil daran.

Jungen schlagen über die Stränge, weil sie ihre eigene Kraft vorzugsweise mit der des Vaters oder eines Stellvertreters messen wollen. Jungen, deren Väter unbeteiligt sind, fühlen sich in besonderem Maße von Comic-Helden und Spielen der »hypermaskuli-

166

nen« Art angezogen. Sie versuchen damit, den Mangel an Männlichkeit in ihrem Leben auszugleichen, während Jungen mit aktiven Vätern spürbar ausgeglichener und kommunikativer sind. Sie haben mehr Erfolg in der Schule, weisen seltener Verhaltensauffälligkeiten auf und finden nach der Schule schneller eine Arbeit.

In einigen Untersuchungen hat man festgestellt, daß es bei Jungen einen direkten Zusammenhang zwischen Drogen- und Alkoholmißbrauch und der Anzahl der Stunden, die der Sohn zusammen mit den Eltern verbracht hat, besteht. Es ist also ein großer Fehler, Jugendliche zu ignorieren.

Zu bestimmten Zeiten fordern Jungen (meistens unbewußt) ein freundschaftliches (dennoch konfrontierendes) Kräftemessen heraus. Dies kann ihnen helfen, mit ihren plötzlichen Wachstums- oder Hormonschüben klarzukommen. Wenn Sie sich diesen Turbulenzen nicht gewachsen fühlen, so holen Sie sich entweder von Freunden oder von Profis einen Rat. Vor allem bei Jungen um die Vierzehn müssen alleinstehende Mütter mit ihren Energien haushalten und unterstützt werden. In solchen Zeiten ist es besonders wichtig, nie handgreiflich zu werden oder verletzende Dinge zu sagen.

Die richtigen Rollenvorbilder finden

Sie müssen aktiv nach Vorbildern für Ihren Sohn suchen. Fragen Sie an der Schule nach guten männlichen Lehrern, an denen sich Ihr Sohn orientieren kann. Achten Sie bei der Wahl eines Sports oder eines anderen Hobbys darauf, welche Art von Männern dort unterrichten. Fragen Sie sich, ob Ihr Sohn ein solcher Mann werden soll. Das ist der Sinn von Vorbildern.

Betrachtet man das Ganze unter diesem Gesichtspunkt, so kann der Fußball- oder Karatetrainer großartig oder untragbar sein.

Manchmal ist auch ein Großvater oder Onkel interessiert, der sich bisher nur zurückgehalten hat, weil er unsicher war, ob seine Hilfe willkommen ist. Sie müssen nicht unbedingt jemanden heiraten, um Ihrem Sohn ein Rollenvorbild zu verschaffen.

Seien Sie jedoch sehr wählerisch bei der Frage danach, mit wem Ihr Sohn seine Zeit verbringt. Päderasten (Männer, die Kinder sexuell mißbrauchen) versuchen gerne, sich die Situation eines vaterlosen Jungen, der sich nach männlicher Aufmerksamkeit sehnt, zunutze zu machen. Dieses Phänomen ist alles andere als selten – schätzungsweise einer von sieben Jungen wird in seiner Kindheit sexuell mißbraucht. Seien Sie also auf der Hut und schauen Sie sich die Männer im Leben Ihres Sohnes genau an.

Den Vater miteinbeziehen

Wenn der Vater Ihres Sohnes nicht gerade ein gefährlicher oder völlig verantwortungsloser Mann ist, dann tun Sie gut daran, den Kontakt zwischen beiden nicht abreißen zu lassen. Wenn Sie getrennt oder geschieden sind, aber ein gutes Verhältnis zu Ihrem Ex-Ehemann haben, dann ziehen Sie in Erwägung, Ihren Sohn ab dem vierzehnten Lebensjahr bei ihm aufwachsen zu lassen. Ohne es zu wissen, verspüren Jungen einen starken Wunsch nach einem männlichen Gegengewicht. Frauen schrecken oft vor diesem Schritt zurück und fürchten, daß der Vater sich nicht gut genug um den Sohn kümmert. Das kann manchmal zutreffen, aber viel häufiger entdecken Väter, die in die elterliche Verantwortung genommen werden, in sich bisher unbekannte Fähigkeiten. Sie sind sehr wohl in der Lage, ihren Sohn zu fördern oder zu disziplinieren. Wenn Sie Ihren Sohn bei seinem Vater aufwachsen lassen, kann sich das für alle Beteiligten als vorteilhaft erweisen.

Es ist eine schwierige Aufgabe, Kinder alleine großzuziehen. Dennoch geht es Kindern mit nur einem Elternteil immer noch besser als solchen, die in einer völlig zerrütteten Familie aufwachsen. Es ist nicht immer einfach, andererseits aber sehr wichtig, gute Unterstützung in der Alleinerziehung zu bekommen.

Was es heißt, ein echter Vater zu sein

Viele Väter kommen gut zurecht mit ihren Kindern, tappen jedoch völlig im Dunkeln, wenn es an das »Wie« des Vaterseins, an die eigentliche Erziehung geht. Als meine Kinder noch klein waren, war ich ständig in Versuchung, die Erziehung ganz meiner Frau zu überlassen – sie schien es so viel besser zu können. Heutzutage ist es jedoch eine meiner größten Freuden, meine Vaterrolle auszuüben.

Ein Grund dafür ist, daß wir selbst meistens nicht viel von unserem Vater gemerkt haben. Die Väter vieler Männer waren Fremde, die im Wohnzimmer mit der Zeitung raschelten und gelegentlich ein Brummen vernehmen ließen. Deshalb können wir auf keinen Fundus väterlicher Verhaltensweisen zurückgreifen.

Aber ich kann Ihnen aus Erfahrung sagen: Es ist nicht so schwer, und wenn Sie erst einmal angefangen haben, werden Sie es bald genießen. Hier sind zwei oder drei gute Ratschläge für den Anfang.

Rauh, aber gemütlich

Jungen jeden Alters lieben es zu raufen, sich gegenseitig zu kitzeln und miteinander zu kämpfen; überhaupt lieben sie jede Art von Toberei. Tun Sie Ihrem Sohn den Gefallen, wann immer sich Zeit und Gelegenheit bieten, aber wählen Sie einen sicheren Ort und stellen Sie ihm eine Aufgabe, z. B. Ihre Arme festzuhalten oder sich aus der Bärenumarmung zu befreien.

Dahinter steht mehr als nur ein Spaß. Beim Raufen können Sie Ihrem Sohn wichtige Dinge beibringen. Wenn Sie ihn bremsen, wenn es zu wild oder gefährlich wird, wenn Sie ihn beruhigen und nochmal von vorne beginnen, lernt Ihr Sohn, mit seiner Körperkraft umzugehen und seine Energie zu bändigen. Indem Sie wohlwollend und nicht wetteifernd mit ihm spielen, mal ihn gewinnen lassen und dann selbst wieder Sieger sind, lehren Sie ihn, daß der Spaß im Spiel selbst liegt, und Sie bringen ihm bei, ein guter Verlierer zu sein.

Der wichtigste Aspekt dabei ist vielleicht, daß das Toben und Raufen sowohl eine Form von Intimität wie auch ein Fest der Männlichkeit ist (ungeachtet dessen, daß auch Mädchen, vor allem kleine, daran Spaß finden können).

Mein Vater war kein Freund von Umarmungen und sichtbaren Liebesbezeugungen. Er hätte sich – wie viele Männer seiner Generation – selbst unter Todesdrohungen nicht zu einem Kompliment hinreißen lassen. Aber er war immer bereit, mit mir, mit meinen Cousins und sogar mit meinen Neffen zu raufen. Wenn wir irgendwo zu Besuch waren, lagen immer alle Kinder mit ihm am Boden. Es war herrlich!

Aktiv sein und dem eigenen Sohn die Welt erklären

Robert Bly sagt: »Selbst boshafte Männer sind wunderbar, wenn sie ihren Söhnen etwas zeigen.« Jungen lieben es, Dinge aus der Welt der Männer zu erfahren. Egal ob es um Autos, Computer, Pferde, Vogelbeobachtung, Angeln oder Schnitzen geht – was ihnen gefällt und was Sie ihnen gerne beibringen wollen. (Ein Tip: Seien Sie nicht perfektionistisch, damit schrecken Sie Ihren Sohn nur ab. Teilen Sie Ihre Freude an der Sache mit ihm, nicht aber Ihre hohen Maßstäbe.)

Als Vater sollten Sie bei Ihrem Sohn und Ihrer Familie sein und mindestens eine Stunde täglich mit ihnen sprechen oder etwas mit ihnen unternehmen. Wenn Ihr Arbeitsdruck das nicht gestattet, so sollten Sie Ihre Prioritäten überprüfen. Ich wäre gerne etwas nachgiebiger in diesem Punkt, aber eine Karriere zu verfolgen und ein guter Vater zu sein steht heutzutage in direktem Widerspruch zueinander. Ihr Sohn muß Sie in unterschiedlichen Stimmungen und Aktivitäten kennenlernen.

Papa in Aktion

Wenn Ihr Sohn sieht, wie Sie kochen, putzen und sich um jüngere Geschwister kümmern, dann wird dieses Vorbild auf

Zuhören

Eine der größten Fertigkeiten, die Sie in Ihrem Leben erwerben können, ist die Fähigkeit – und die echte Bereitschaft – inmitten eines Streites innezuhalten und sich die Version der anderen Seite anzuhören. Sie können diese Fähigkeit täglich gebrauchen.

Eines heißen Sommertages machte ich mich mit meinem vierjährigen Sohn auf, um unsere Dieselpumpe in Gang zu setzen. Das ist jeden Sommer einmal nötig, um unser Wasserreservoir aufzufüllen. Mein Assistent mag Ihnen jung erscheinen, aber ohne ihn ging es nicht. Seine Aufgabe war es, im richtigen Augenblick den Druckschalter zu betätigen, während ich die Pumpe anwarf.

Die Maschine ist riesig und uralt, und mehrere Versuche schlugen fehl. Meine Laune war miserabel, Dornen stachen in meine Beine, überall schwirrten Moskitos umher und mein Arm schmerzte vom Drehen des schweren Hebels. Dann streikte mein Assistent und kam hinter dem Damm hervor. Ärger stieg in mir hoch, und ich wollte ihm gerade die Leviten lesen, als ich seinen verdrossenen, beinahe anklagenden Blick auffing und mich gerade noch beherrschen konnte. Bemüht, meine Stimme freundlich klingen zu lassen, fragte ich ihn: »Warum hilfst du mir nicht?« »Es ist zu verqualmt, ich kann da drin nicht atmen.« Das war völlig richtig, denn nach all unseren Versuchen lag ein riesiger Schwall von Dieselgeruch in der Luft.

Wir setzten uns also einige Minuten ans Wasser, um uns etwas auszuruhen, bevor wir es noch einmal versuchten, und sprachen über Frösche und Insekten. Danach sprang uns die Pumpe gleich beim ersten Versuch an.

Die Erfahrung, die ich bei dieser Gelegenheit machen durfte, sollte ich noch mehrmals erleben; und je älter und klüger unsere Kinder wurden, desto häufiger machten wir die Erfahrung, wie wichtig dieser Augenblick elterlichen Innehaltens ist: »Er hat recht und ich liege falsch!« Und wie wichtig es ist zuzuhören.

ihn abfärben, und er wird sich öfter nützlich machen. Väter müssen zeigen, daß sie mehr sind als nur der »Mann für die

Freizeit«. Durch Ihr Vorbild können Sie Ihren Sohn lehren, ein ganzer Mann zu sein. Wenn er beobachtet, wie Sie mit Ihrem Körper umgehen, daß Sie andere Leute freundlich behandeln, daß Sie Ihre Gefühle zum Ausdruck bringen und für Ihre Überzeugungen geradestehen können, dann ist die Wirkung unendlich viel stärker, als Worte es jemals sein können. Sie müssen der Mann sein, der Ihr Sohn werden soll.

Zeigen Sie Ihrem Sohn andere Männer

Beziehen Sie Ihren Sohn in Unternehmungen mit Ihren Freunden ein, so daß er auch von anderen Männern lernen und Ermunterung erfahren kann. Unternehmen Sie Vater-Sohn-Campingausflüge mit Ihren Freunden. Nehmen Sie Ihren Sohn mit zur Arbeit, damit er sehen kann, womit Sie Ihr Leben verbringen, wo Sie einzuordnen sind und welche Ideale Sie haben. Lassen Sie ihn die Opfer, die Sie bringen müssen, und die harten Seiten und Einschränkungen in Ihrem Leben kennenlernen.

172

Seien Sie vor allem anwesend und sorgen Sie dafür, daß Sie verschwenderisch viel Zeit für Ihren Sohn haben.

Jungen brauchen Schutz

Ich wartete einmal kurz vor Unterrichtsschluß vor einer Grundschule auf den Beginn einer Konferenz. Eine Gruppe von Drittkläßlern im Alter von acht bis neun Jahren kam langsam aus dem Gebäude: Man sah sofort, daß etwas nicht stimmte, und bei genauerem Hinschauen entdeckte ich, daß einige sich Tränen von den Wangen wischten und alle ganz blaß und schockiert waren. Von den Eltern erfuhr ich später, daß ihr Lehrer ihnen ein brutales Kriegsvideo vorgeführt hatte, nur weil an diesem Tag der im Ersten Weltkrieg gefallenen Soldaten gedacht wurde. Ohne Diskussion oder Vorbereitung und ohne Pause hatte er sie 90 Minuten reiner Gewalt ausgesetzt. Männer und Jungen werden oft beschuldigt, gefühllos, aggressiv und unsensibel zu sein. Aber ist das nicht manchmal nur ein verzweifelter Versuch der Verteidigung gegen die Angriffe, denen wir sie ungeschützt aussetzen?

Sie können einiges dazu beitragen, den Prozeß, in dem Ihre Söhne (oder Töchter) ihre Kindheit verlieren, zu verlangsamen. Halten Sie sie davon ab, sich stundenlang brutale Videofilme anzuschauen oder stupide mit Kriegsspielzeug zu spielen. (Zwar zeugt es von Kreativität, wenn Kinder aus Stöcken Spielzeugwaffen basteln – aber alles, was man damit manchen kann, ist, so zu tun, als töte man jemanden, und das wiederum ist nichts Wünschenswertes.) Viele Kämpfe und gewalttätige Spiele kommen daher, daß Kinder Gewalt gesehen haben und von der eigenen Angst übermannt wurden. Sie versuchen, durch die Identifikation mit den Figuren wieder Herr der Situation zu werden. Kinder in Kriegsgebieten spielen am häufigsten Kriegsspiele. Warum sollten aber unsere Wohnzimmer Kriegszonen gleichen? Ist es nicht viel besser, wenn uns unser Zuhause (und unser Fernseher) uns das Gefühl gibt, auf einer tropischen Paradiesinsel zu leben, mit all ihrer Natur und Wärme, ihren Schönheiten und ihren Abenteuern?

Das Gleiche gilt für Computer. Lassen Sie nicht zu, daß Ihr Sohn stundenlang in banalen Computerspielen versinkt, vor allem nicht, wenn es sich dabei um die weit verbreiteten Spiele mit den endlosen Labyrinthen und Leitern handelt, die Ihren Sohn nur süchtig machen und ihm außer einem Jucken in den Fingern nichts beibringen können.

Sorgen Sie für aktive, kommunikative und natürliche Spielmöglichkeiten. Verbringen Sie lieber mehr Zeit mit Ihrem Sohn bzw. Ihren Kindern, anstatt ihnen etwas zu kaufen. Bringen Sie Ihre Freude und Ihre Zufriedenheit zum Ausdruck, wenn Ihr Sohn zeigt, wie gut er mit kleineren Kindern umgehen kann, und loben Sie seinen Sinn für Gerechtigkeit und die Gefühle anderer. Schaffen Sie ihm ein Haustier an, und Sie werden die natürliche Herzensgüte in ihm wecken.

Jungen brauchen Hilfe, um Beziehungen aufbauen zu können

Väter oder Mütter können ihrem Sohn einen guten Dienst erweisen, indem sie ihm zeigen, wie er mit Mädchen umgehen soll. Sie können ihm helfen, das Gespräch mit Mädchen zu suchen und mit ihnen klarzukommen. Bestehen Sie darauf, daß er Mädchen mit Respekt und Umsicht begegnet. Lassen Sie ihn nicht im Teenageralter Bilder aus Männermagazinen an die Wände heften. Die meisten Jungen interessieren sich für den Körper von Frauen, aber Sie können dazu beitragen, daß Sex und Sexualität etwas Besonderes bleiben und nicht ins Schmierige und Schäbige abrutschen.

Lehren Sie Ihren Sohn, Frauen zu respektieren

Als Vater können Sie durch zwei Dinge Einfluß auf Ihren Sohn nehmen: Zeigen Sie selbst gegenüber Frauen Respekt und lesen Sie Ihrem Sohn die Leviten, wenn er sich gegenüber seiner Mutter respektlos verhält. Der Ausruf: »Rede nicht so mit deiner Mutter!« bildet die Kulisse für einen bedeutenden Moment in Ihrem Familienleben und sollte kein zweites Mal wiederholt werden müssen.

Fordern Sie als Mutter ruhig, aber deutlich Respekt ein. Vermitteln Sie zwischen Ihrem Sohn und seinen Schwestern, so daß alle Gelegenheit haben, ihre Gefühle klar auszudrücken und zu lernen, Konflikte in gegenseitigem Respekt zu lösen, anstatt es mit Beschimpfungen und Einschüchterungen zu versuchen. Handeln Sie ausgleichend, denn auch Jungen haben Gefühle. Erinnern Sie sich selbst stets daran und machen Sie es auch Ihren Töchtern klar. Wenn man Jungen als gefühllos behandelt, dann werden sie tatsächlich gleichgültig und roh, weil sie versuchen, sich auf diese Weise selbst zu schützen.

Sprechen Sie mit Ihrem Sohn über seine Gefühle und akzeptieren Sie es, wenn er traurig oder ängstlich ist. Lassen Sie ihn spüren, wann Sie selbst solche Gefühle hegen, und hüten Sie sich vor der emotionalen Abkapselung, die Männer so angespannt und depressiv werden läßt. Machen Sie sich niemals über seine weiche Seite lustig und schon gar nicht über seine ersten Erfahrungen mit der Liebe. Denn stark und sensibel zu sein ist kein Widerspruch.

Helfen Sie Ihrem Sohn, häusliche Fähigkeiten zu erlernen

Legen Sie Wert auf alle Fertigkeiten, die man braucht, um einen Haushalt zu führen, und vermitteln Sie Ihrem Sohn, daß Sie Leistungen, die jemand für den gemeinsamen Haushalt erbringt, respektieren. Binden Sie Ihren Sohn in die Haushaltsarbeit mit ein. Im Alter von neun Jahren sollte ein Junge in der Lage sein, einmal in der Woche zu kochen; und wenn er das tatsächlich kann, dann darf er auch stolz darauf sein. Helfen Sie ihm, sich in der Küche zurechtzufinden. Auch wenn er mit Spaghetti und Fertigsauce beginnt, wird er bald in der Lage sein, ein brauchbares Menü zu fabrizieren. Die meisten Jungen werden Freude daran haben, solch einen Beitrag zum Familienleben leisten zu können.

Lassen Sie es zu einer Routine werden, daß Ihr Sohn hinter sich aufräumt. Bringen Sie ihm bei, wie man seine Wäsche wäscht und in Ordnung hält. Wenn er nicht mitspielt, verzichten Sie auf Gemecker und verdoppeln Sie einfach seine Aufgaben für diesen Tag. Eine oft gehörte Antwort von Supermüttern in solchen Situationen ist: »Aber es geht sooo viel schneller, wenn ich es selbst mache!« Ja, Lernen braucht Zeit, aber stellen Sie sich vor, wie das ist, wenn Ihr Sohn mit achtzehn Jahren genauso kompetent ist wie Sie selbst und genauso viel im Haushalt tut wie Sie. Da kann man diese frühe Investition schon verschmerzen!

Kurzgefaßt

Sie schaffen einen Mann. Denken Sie darüber nach, welche Ziele Sie schon erreicht haben und welche noch zu erarbeiten sind. Sie könnten die Eigenschaften in der Liste der Frauen am Anfang dieses Kapitels abhaken und dann sehen, um welche Sie sich noch bemühen wollen.

Nehmen Sie sich die Zeit, zumindest eine vage Idee davon zu entwickeln, welche Art von Mann aus Ihrem Sohn werden soll. Indem Sie sich der Absicht »Mein Sohn soll ein wunderbarer junger Mann werden« verschreiben und täglich die Dinge tun, die das bewirken sollen, können Sie als Vater oder Mutter die größte Zufriedenheit Ihres Lebens erlangen und der Welt ein Geschenk machen.

Mädchen
erziehen

Die künftigen Frauen sind
nicht von gestern

Kapitel 7

Im Leben der Tochter spiegelt sich für die Mutter die Lebenszeit ihrer eigenen jungen Jahre. Deshalb spielen Töchter im Dasein von Müttern ein große Rolle, und es ist für ihre Beziehung von entscheidender Bedeutung, mit welchen Gefühlen die Mutter auf ihr eigenes Leben zurückblickt.

Mütter und Töchter

Mütter und Töchter können eine wunderbare Nähe zueinander entwickeln. Ihre Verbindung ist zwar manchmal auch explosiv, aber ihr Verständnis untereinander scheint bisweilen auch an Telepathie zu grenzen.

Mütter und Väter hegen zu ihren Töchtern und Söhnen so starke Gefühle, weil ihre Kinder eine »Neuausgabe« ihrer selbst sind. In unseren Kindern zeigen sich wie in einem Spiegel alle Hoffnungen, Ängste und Gefühle unseres eigenen Lebens. Es hilft Ihnen, sich diesen Umstand immer wieder zu vergegenwärtigen. Wenn Sie den Spiegeleffekt verdrängen, kann das zu sehr merkwürdigen Verhaltensweisen führen. Es kann zu heftigen Auseinandersetzungen kommen, besonders dann, wenn die jungen Mädchen gegen die elterlichen Erwartungen rebellieren. Dies hat mehr als nur

eine Mutter dazu bewegt, mir zu erklären, daß sie einen Jungen wirklich vorgezogen hätte, sie seien so viel einfacher zu handhaben!

Aber es ist die Mühe wert, denn in dem Verhältnis von Mutter und Tochter liegt auch ein großes Potential für tiefe Freundschaft. Davon abgesehen bleibt Ihre Tochter trotzdem das Kind, das Ihre Fürsorge braucht. Um dies leisten zu können, müssen Sie sich eventuell von einer Reihe eigener Barrieren befreien, die Ihnen bei der Ausübung Ihrer Elternrolle im Weg stehen könnten.

Lassen Sie uns gemeinsam erkunden, was darunter zu verstehen ist. Weil Mütter in ihren Töchtern sich selbst sehen, entstehen daraus alle möglichen unbewußten und bewußten Forderungen:

✗ »Meine Tochter soll mehr Möglichkeiten haben, als ich selbst sie hatte.«

✗ »Sie soll mir nahe bleiben und dennoch ein eigenes Leben führen.«

✗ »Sie soll ein gutes Verhältnis zu ihrem Vater entwickeln.«

✗ »Sie soll den perfekten Mann finden.«

✗ »Sie soll ein Leben ohne Sorgen und Entbehrungen führen.«

Was sind unbewußte Forderungen? Lassen Sie es mich an einem Beispiel verdeutlichen: Die Mutter einer Freundin hatte als Kind in großer Armut gelebt. Ihr Verständnis von einer guten Mutter bestand darin, lange und viel zu arbeiten, damit ihre Töchter bestens versorgt wären.

Der Effekt war, daß ihre Töchter viel allein waren und oftmals verletzende Situationen durchstehen mußten. Weniger Geld und mehr mütterlicher Schutz wären ihnen sicherlich besser bekommen.

Wenn unser Handeln, wie in diesem Fall, von unbewußten Motiven gesteuert ist, sind wir uns nicht über alle Verknüpfungen im Klaren, die unser Verhalten beeinflußen. Um sie zu erkennen, muß man in sich gehen, sich selbst zuhören und sich immer wieder fragen, woher die eigenen Reaktionen rühren. Sie werden feststellen, daß Ihre Tochter eine andere Person ist, und ihr Raum lassen, eigene Fehler zu machen, eigene Antworten zu finden und sich selbst klarzumachen, was sie will.

Fünf Erziehungsstile

In ihrem ausgezeichneten Buch *Growing up again* beschreibt Jean Illsley Clarke fünf verschiedene Muster, mit denen wir auf das eigene Kind reagieren können, und analysiert, was die Befolgung eines Musters über uns selbst aussagt. Diese fünf verschiedenen Ansätze sind sehr nützlich, um herauszufinden, was sich zwischen Ihnen und Ihrer Tochter abspielt. Aller Wahrscheinlichkeit nach werden Sie feststellen, daß Sie richtig vorgehen, und den, wie Clarke es nennt, »bejahend fürsorglichen« Stil praktizieren. Die anderen Spielarten können Sie leicht erkennen, und das kann Ihnen helfen, Schaden zu vermeiden.

Als ich (hier spreche ich als Vater) mich zum ersten Mal mit diesen Mustern beschäftigte, fand ich heraus, daß mein Verhalten eine Mixtur der verschiedenen Vorgehensweisen war. Es war sehr hilfreich für mich, mein eigenes Handeln danach weiter zu analysieren.

Alle bisherigen und nun folgenden Feststellungen gelten eigentlich nicht nur für Mütter und Töchter, aber ihre Gleichgeschlechtlichkeit bringt in besonderem Maße eine größere Nähe und Intimität hervor. Bei Müttern ist der Spiegelungseffekt besonders stark ausgeprägt. Außerdem sind Mütter für gewöhnlich stärker in der Erziehung engagiert. Wir wissen sehr viel über das Verhältnis zwischen Müttern und Töchtern, weil sie sich häufiger und klarer äußern. Darüber hinaus sind die meisten Mütter Veränderungen immer sehr aufgeschlossen.

Wir wollen die fünf verschiedenen Erziehungsstile anhand einer Alltagssituation erläutern: Die sechsjährige Sabrina stolpert im Park und kommt weinend mit einem ziemlich verschrammten Arm zu ihrer Mutter gelaufen. Die Mutter kann nun ganz unterschiedlich reagieren:

Schimpfen

Sabrinas Mutter unterhält sich gerade mit einer Freundin. Sie dreht sich kurz um und schreit: »Hör auf, so zu brüllen, oder gleich setzt's was.« Gleichzeitig packt sie das kleine Mädchen am Arm und zerrt es nach Hause.

Die Botschaft, die die Tochter erreicht, heißt: »Du zählst hier nicht, deine Gefühle sind mir egal, und du gehst mir auf die Nerven!« Das Kind wird dabei großen Schmerz, Verzweiflung, Zorn oder Einsamkeit empfinden und sich zurückziehen. Aber woher rührt das Verhalten der Mutter? Haben wir nicht alle unter dem Druck der Gegebenheiten schon einmal ähnlich reagiert? Es ist die Reaktion einer Frau, deren eigene Bedürfnisse so unbefriedigt sind, daß sie ihre Tochter als Konkurrentin empfindet.

Diese Mutter braucht langfristige, wohlwollende Unterstützung, um ihre emotionalen Defizite und die Vernachlässigungen der eigenen Kindheit aufzuarbeiten und sich ihrer Tochter mit mehr Zuneigung zuwenden zu können.

Bedingungen stellen

Die Mutter sagt: »Hör' auf zu weinen, oder ich verbinde deinen Arm nicht. Warum war das überhaupt nötig?« Diese Mutter tritt über Drohungen und Bedingungen mit ihrem Kind in Verbindung. Die Kleine muß den elterlichen Forderungen genügen, erst dann wird ihr geholfen.

Die Botschaft lautet: »Glaub' bloß nicht, daß du liebenswert bist, meine Liebe bekommst du nur, wenn du sie dir verdient hast!«

Die Mutter reagiert so, weil ihr eine andere Sichtweise völlig fremd ist. Ihr Verhalten ist immer stramm und tadellos, und sie setzt astronomische Maßstäbe für sich selbst und ihre Umgebung. Daß sie diese Botschaft an ihr Kind, insbesondere an ihre Tochter weitervermitteln will, ist nur allzu natürlich.

Die Tochter aber wird sich immer als unzureichend empfinden, als unfähig, den gesetzten Maßstäben zu genügen. Zwanghaftes Verhalten und übertriebener Ehrgeiz, womöglich sogar Magersucht werden ihre Kindheit prägen, und es wird ihr schwerfallen, sich anderen Menschen zu nähern. Als Erwachsene wird sie vielleicht mehrere prestigeträchtige, aber kurzlebige Ehen eingehen.

Die Mutter, die Bedingungen stellt, muß sich entspannen und lernen, ihr Selbstwertgefühl aus anderen Dingen als Aussehen, Kleidern, Geld oder Status zu beziehen. Sie muß lernen, sich selbst anzunehmen und gut zu finden. Am besten sucht sie sich ein paar fröhliche Schlampen als Freundinnen und schaut bei ihnen ab, wie das geht. Allmählich wird ihr deutlich werden, daß Liebe sich von selbst einstellt und nicht verdient werden muß; erst dann wird sie das auch ihren Kindern beibringen können.

Verhätscheln

Die Mutter ist schon am Ort des Unglücks, bevor die Kleine auch nur aufstehen kann. »Oh, wie schrecklich, dein Arm muß ja entsetzlich wehtun. Ich mache dir sofort einen Verband, dann fahren wir zur Apotheke und kaufen eine Salbe, und zu Hause darfst du dich vor den Fernseher aufs Sofa legen, und ich mache alles für dich.«

Das klingt zunächst nach einer sehr liebevollen Mutter, aber die Botschaft, die sich dahinter verbirgt, lautet: »Du armes Opfer, du kannst dir ja gar nicht selbst helfen. Du brauchst mich, ich muß für dich sorgen.« Auf einem noch tieferen Level bedeutet das: »Wir können nicht beide gleichzeitig unsere Bedürfnisse stillen. Ich verhätschele dich, aber dafür schuldest du mir etwas.« Kommt Ihnen das bekannt vor?

Das Mädchen wird ihrer Mutter gegenüber sehr gemischte Gefühl hegen. Zwar findet es kurzfristigen Trost bei ihr, aber unterschwellig schwingt auch immer Verpflichtung und Ressentiment mit – und, daraus resultierend, irgendwann Ablehnung. Die Gegenwart der Mutter wird die Tochter eher behindern und verwirren, anstatt sie zu stärken und zu ermutigen. Jean Illsley Clarke bezeichnet dies als »vereinnahmende und dominierende Liebe«, die zu Abhängigkeit und einem verschwommenen Selbstverständnis führt.

Die betroffene Mutter muß mehr Sinn für sich selbst entwickeln. Vielleicht war sie als Kind gezwungen, früh erwachsen zu werden, weil ihr Vater oder ihre Mutter alkoholabhängig oder in irgendeiner anderen Hinsicht beeinträchtigt waren, so daß sie die Rolle einer Fürsorgerin einnehmen mußte, anstatt Liebe zu empfangen. Vielleicht haben ihre Eltern auch schon dieses Muster an den Tag gelegt, um die eigenen Bedürfnisse zu kaschieren. Es wäre gut für sie, einige Bücher über gegenseitige Abhängigkeit zu lesen und sich einer regelmäßig tagenden Selbsthilfegruppe anzuschließen.

Vernachlässigen

Die Mutter ignoriert die Schramme oder ist womöglich überhaupt nicht am Spielplatz anwesend. Vielleicht ist die kleine Tochter einige Straßenzüge von zu Hause entfernt, unbeaufsichtigt und unversorgt. Sie wird zwar ernährt und gekleidet, aber ansonsten sind ihre Eltern desinteressiert. Tief in ihrem Herzen weiß sie, daß sie ganz auf sich selbst gestellt ist.

Wenn sie bis jetzt durchgehalten hat, wird sie es vermutlich ihr Leben lang schaffen, aber wahrscheinlich wird sie eine sehr harte, einsame junge Person werden, die all ihren Zorn und ihre Enttäuschungen im Inneren verbirgt. Womöglich wird sie Liebe als einen unaufhörlichen Wettkampf um Gefühle verstehen. Als Erwachsene wird es ihr fast unmöglich sein, sich anderen gegenüber zu öffnen, wenn ihr nicht früh Hilfe durch einen verständnisvollen Lehrer oder Jugendarbeiter zuteil wird.

Vernachlässigung ist auch eine Art von Mißbrauch und in mancherlei Hinsicht die schlimmste Form davon.

Bevor Sie jetzt aber ganz traurig werden, wollen wir uns lieber der fünften Variante zuwenden.

Bejahend und fürsorglich

Ist Sabrinas Mutter bejahend und fürsorglich, dann umarmt sie sie und kümmert sich um sie. Sie sagt etwas wie: »Was für ein Kratzer! Das ist aber gar nicht schön. Soll ich die Wunde für dich sauber machen?« Und später: »Na, wie ist es jetzt?«

Das Mädchen weiß, daß es mit seinen Gefühlen ernstgenommen wird. Die Mutter ist zur Stelle und bereit zu helfen, ohne jedoch ihrer Tochter die Hilfe aufzuzwingen. Die Kleine ist getröstet und erleichtert, sie fühlt sich geliebt und gut aufgehoben.

Diese Mutter läßt ihr Kind ohne Abhängigkeiten aufwachsen. Wenn ihre Tochter sich nur leicht verletzt hat oder schon etwas älter ist, überläßt sie es dem Kind, zu entscheiden, was zu tun ist. Sie fragt: »Tut es weh? Kannst du es selbst auswaschen oder brauchst du Hilfe?« Diese Mutter kann ihr Kind in den Arm nehmen, ohne aufdringlich zu sein. Sie vermittelt die Botschaft: »Ich vertraue darauf, daß du weißt, was du brauchst.« (Und: »Ich brauche nicht das Gefühl, gebraucht zu werden.«)

Der bejahend-fürsorgliche Stil ist den anderen ganz eindeutig vorzuziehen.

Wenn ein Kind behindert ist

Bei meinen Büchern über die Familie habe ich immer darunter gelitten, daß es mir nicht gelang, mich zur Erziehung von behinderten Kindern zu äußern. Aber immer wenn ich unterwegs bin und meine Vorträge halte, fragen mich Eltern von Babys mit Problemen aller Art um Rat. Behinderte Kinder sind Teil der Familie und Teil der Gemeinschaft, deshalb müssen sie miteinbezogen werden. Wie jeder andere auch tragen sie etwas zu unserem Leben bei.

Da es mir selbst an Erfahrung mangelt, freute ich mich um so mehr, als ich in der Melbourner *Age*-Ausgabe die Zeilen von Mary Burbridge über das Leben mit ihrer geistig schwerbehinderten Tochter las.

Sie hat vielleicht als erste geäußert, daß es im Leben einer Familie mit einem behinderten Kind ebenso viele Höhen und Tiefen gibt wie im Leben einer jeden anderen Familie auch. Für mich hat sie in jeder Hinsicht gesiegt, und viele Eltern werden gerne hören, was sie zu sagen hat. Außerdem finden wir hier ein Beispiel für eine ganz besondere Mutter-Tochter-Beziehung.

Meine Tochter, ein Baby für immer

»Ich habe ein süßes Baby. Eine geduldige, friedliche Tochter, die sich gemütlich in ihr Schaffell kuschelt und mich verschlafen anlächelt, wenn ich zur Tür hereinkomme. Sie setzt sich auf, wippt fröhlich und öffnet die Arme zu einer Umarmung. Ich hebe sie aus ihrem Bett, und wenn ich sie mit beiden Händen halte, läuft sie auf unsicheren Beinen zum Badezimmer, damit ich ihre Windeln wechseln kann.

Sie ist in einer herrlichen Phase, sie hilft beim An- und Ausziehen, hält selbst den Löffel und kleckert alles voll, sie läuft an den Möbeln entlang und zieht und zerrt an allem, was ihr unter die Finger kommt. Sie liebt alle Arten von Musik: die aufziehbare Spieluhr, die Lieder, die ich ihr vorsinge. Sie klimpert mit Begeisterung auf dem Klavier, klatscht in die Hände und spielt für ihr Leben gern Fingerspiele. Sie genießt Spaziergänge in der Sonne und rupft die Blüten von den Blumen am Wegesrand, und in einem warmen Schwimmbad oder in der Badewanne planscht und lacht sie ohne Ende.

Ich habe dieses süße Baby nun schon seit zwanzig Jahren, und wenn nicht etwas Unerhörtes passiert, liegen weitere zwanzig Jahre vor uns. Sie befindet sich schon seit langem in diesem entzückenden Stadium eines sieben bis neun Monate alten Kindes, und ich erwarte keine großen Veränderungen. Das süße, unschuldige Babygesicht, das keine Spuren von Verlust, Enttäuschung oder Verärgerung zeigt, ist ihr genauso geblieben wie ihre vielen blonden Locken. Aber ihr Hormonhaushalt ist der einer jungen Frau, einer drallen, kräftigen, fast dicklichen jungen Frau, mit Aknepickeln im hübschen Gesicht. Ihr Haar ist zwar dunkler geworden, aber immer noch ihre größte Zierde. Wie oft war ich schon dankbar dafür, denn wenn andere Leute sich in ihrer Gegenwart auch unwohl fühlen, so gelingt es ihnen meistens doch, über ihr wunderbares Haar zu sprechen, und das hilft.

Andere hat mit ihren »ewigen Babys« ein viel härteres Los getroffen. Endlose Jahre mit einem mürrischen, schreienden Kind, jede Mahlzeit ein Kampf gegen spuckenden Widerstand, jede Handlung ein Anlaß zu Krampf und Schmerz. Oder ein Kind mit völlig intaktem Bewegungsapparat, das unfähig ist, auf »Nein« oder »Halt« zu reagieren und den ganzen Tag, mit jährlich zunehmender Körperstärke und kräftigen Hormonschüben in der Jugend, aktiv ist, ohne jedoch besänftigende blonde Locken zu haben.

Einige Mütter, die sich wie ich damit abgefunden hatten, daß ihre Kinder schwerstbehindert waren, fanden sich schließlich zusammen und gründeten eine spezielle Spielgruppe.

Wir besprachen unsere Schuldgefühle, unsere Trauer und Enttäuschung und unseren Zorn, während wir mit unseren »Babys« spielten, und wir knüpften dauerhafte Kontakte. Ein schwerstbehindertes Kind zu versorgen ist eine enorme Aufgabe, wie die Pflege eines Babys auch, aber wenn Hilfe verfügbar ist, dann kann man sie bewältigen. So gelang es uns allen, auch im Leben unserer anderen gesunden Kinder unsere Rolle auszuüben, teilzeitweise zu arbeiten und unsere Kinder in Tagesstätten unterzubringen. Unsere Ehen haben trotz allem überlebt, und gemeinsame Familienferien waren ebenfalls möglich.

Außerdem haben wir uns dafür eingesetzt, die bestmöglichen Bedingungen für unsere behinderten Kinder und alle anderen Behinderten und ihre Pfleger zu bekommen. In dieser Schule des Lebens haben wir nichts ausgelassen, wir engagierten uns bei Schulratssitzungen, Wohnraumbeschaffungsmaßnahmen, als Organisatoren von Wohltätigkeitsfesten, als Lobbyisten, bei Demonstrationen und Protestkundgebungen und in Elternfortbildungsmaßnahmen. Wenn unsere Kinder dem Gesetz nach volljährig werden, stehen wieder Entscheidungen und neue Kämpfe an. Wir müssen für entsprechende andere Programme sorgen, wenn die Schulen nicht mehr zuständig sind, und nach Möglichkeiten zur Langzeitunterbringung suchen, wenn die Zeit kommt, wo sie uns verlassen werden.

Die meisten Leute erwiesen sich als sensibel und hilfsbereit, und wenn ich Unterstützung brauchte, konnte ich immer auf verschiedenste Dienstleistungen zurückgreifen, so daß die Jahre mehr oder weniger problemlos vergingen.

Aber es gab auch Hindernisse und Verletzungen. Da war z.B. der ideologisch verhärtete Beschäftigungstherapeut, der alle Spielsachen und die Spieluhr vom Rollstuhl meiner Tochter entfernte, da sie nicht »altersadäquat« wären. (Ich gab ihr stattdessen ein Buch, ein Schachspiel und eine Kassette mit Rockmusik, die sie binnen kurzer Zeit mit ihren Fäusten und Zähnen ins Jenseits beförderte.) Oder die an Brutalität grenzende Offenheit des Arztes, zu dem wir wegen eines Kruppanfalls geeilt waren: »Ich kann Ihre Tochter stationär aufnehmen lassen, aber zu Hause ist sie besser aufgehoben. Kinder wie sie werden hier nicht allzu gut behandelt.« Oder der Schuft, der mich verklagte, weil ich einen Aufkleber an meinem Auto hatte, der mir erlaubte, auf Behindertenparkplätzen zu parken.

Manchmal fällt es mir schwer, für meine Tochter Entscheidungen zu treffen. Als sie in die Pubertät kam, bot man mir an, mittels einer Spritze ihre Perioden auszusetzen. Ich nahm das Angebot mit gemischten Gefühlen an, ich hoffte wohl insgeheim, damit das Heranreifen ihres Körpers zu verhindern und mir die Illusion, daß sie immer noch ein Kind sei, erhalten zu können. Aber das erwies sich als Trugschluß, so daß ich die Spritzen nach einem Jahr einstellte.

»Warum soll sie einen BH tragen?« fragte ich mich, aber angesichts der physischen Realitäten erübrigte sich die Frage alsbald. »Welche Kleider soll sie tragen?« Ich kleide sie normalerweise bequem und praktisch, aber raube ich ihr damit nicht vielleicht ihren jugendlichen Stolz und verletze ich damit nicht ihre Menschenwürde? Soll ich sie so anziehen wie ihre Schwester, ihr zuliebe modische Maßstäbe setzen? Was würde sie selbst wählen, wenn sie könnte, und spielt das überhaupt eine Rolle, da sie ja nicht dazu in der Lage ist? (Diese Fragen drängen sich in unbequemer Weise auf, wenn man im Behindertenbereich tätig ist.)

Waren es eigennützige Motive oder war es im Sinne meiner Tochter, daß ich mich schließlich entschloß, sie operieren zu lassen, damit sie nicht mehr menstruierte? (Solche Entscheidungen treffen Familienangehörige nicht allein, das zuständige Amt stimmte aber mit uns darin überein, daß eine solche Operation zu ihrem Wohle sei.)

In der Vergangenheit wurden Kinder wie unsere schon in frühester Kindheit in Anstalten untergebracht. Selbst Eltern von wesentlich weniger behinderten Kindern wurde empfohlen, sie nicht zu Hause zu pflegen. »Stecken Sie sie in ein Heim und vergessen Sie sie!«, riet man ihnen, und viele folgten dieser Empfehlung.

Ich habe kürzlich einige Zeit in einer größeren Anstalt zugebracht, wo ich Treffen mit Behinderten, ihren Eltern und ihren Pflegern organisierte. Dabei fiel mir ein interessantes Phänomen auf: Die Bewohner des Heims waren alle um die dreißig, und viele von ihnen hatten schon zwanzig oder mehr Jahre in Anstalten verbracht. Das Personal war täglich um sie herum und kümmerte sich um all ihre körperlichen Bedürfnisse, dennoch staunte ich wiederholt darüber, wie eng doch die Bindung an ihre Eltern geblieben war.

Sie konnten ihren Eltern gar nicht nah genug kommen, sie kaum aus den Augen lassen und es kaum ertragen, wenn ihre Aufmerksamkeit kurzzeitig anderweitig gefangen war. Da war die plumpe, sprachlose Frau, die sich unter größten Anstrengungen von der einen zur anderen Tischseite vorarbeitete, um sich auf den Schoß ihres Vater zu setzen und ihr Gesicht an seines zu pressen. Es machte mich traurig, daß man diese Leute nie ermuntert hatte, ihr Kind länger zu Hause zu behalten und das Positive aus dieser so offenkundigen Liebe mitzunehmen.

Heutzutage kommen weitaus weniger Kinder behindert zur Welt. Vorsorgeuntersuchungen, genetische Beratung und bessere Geburtshilfe haben erheblich dazu beigetragen. Durch spezielle

Tests in der Frühschwangerschaft können viele Fehlbildungen oder Anomalitäten festgestellt werden, und den Eltern steht es in einem solchen Fall offen, die Schwangerschaft abzubrechen. Natürlich würden sich nur wenige Eltern entschließen, ein schwer behindertes Kind zur Welt zu bringen, wenn sie es umgehen könnten, aber die neuen Möglichkeiten, eine Gesellschaft zu schaffen, die weitgehend frei von Behinderten ist, bedürfen genauerer Betrachtung.

Welche Botschaften vermitteln wir den behinderten Mitgliedern unserer Gesellschaft hinsichtlich ihres Wertes, ihres Existenzrechtes und ihres Anspruchs auf Hilfe? Wird die Gesellschaft solchen Eltern, die wissentlich ein behindertes Kind zur Welt bringen, die Unterstützung verweigern? Werden selbst unerhebliche Defekte so lange ausgelöscht, bis nur noch der perfekte Mensch toleriert wird? Und was bedeutet das für die Menschen, deren Mißbildungen und Behinderungen vor der Geburt nicht erkennbar waren oder ihnen erst später widerfahren sind?

Ein Freundin von mir ließ kürzlich eine Fruchtwasserpunktion vornehmen, weil der Fötus in ihrer ersten Schwangerschaft einen so ernsten Defekt aufwies, daß ein Schwangerschaftsabbruch nötig war. Diesmal teilte man ihr mit, daß ein anderes Problem vorlag: Down-Syndrom. Der Termin für den Schwangerschaftsabbruch sollte zwei Tage später sein.

Man bot ihr keinerlei Beratung an, niemand besprach mit ihr, was es bedeutet, ein Kind mit Down-Syndrom großzuziehen, oder welche Faktoren bei ihrer Entscheidung zu berücksichtigen wären. Niemand konnte nachvollziehen, daß sie überhaupt eine Entscheidung zu treffen hatte. Dabei fiel es ihr sehr schwer, sich für oder gegen das Kind zu entscheiden. Nach vielen Tränen kam sie zu dem Entschluß, daß ein behindertes Kind sie in ihrer Lage wirklich überfordern würde. Die Haltung, die die Ärzte bei der ganzen Sache an den Tag legten, ist jedoch ziemlich beunruhigend.

So, was will ich mit all dem sagen? Es wird immer Kinder mit Behinderungen geben, und wenn Sie davon betroffen sind, dann bedeutet das nicht das Ende jeglicher Lebensfreude, weder für Sie noch für das Baby. Niemand kann mit Gewißheit voraussagen, wie das Leben des Kindes sich entwickeln und welche Möglichkeiten es vielleicht haben wird.

Es wird nicht das Leben sein, das Sie sich während der Schwangerschaft erträumten, aber es ist das Leben Ihres Kindes. Seine Behinderung wird Sie veranlassen, über das Leben intensiver nachzudenken, darüber, welchen Sinn es hat zu leben und welche Dinge im Leben wirklich wichtig sind. Ihre Vorstellungen darüber werden sich sehr verändern.

Auch Ihr Leben wird nicht Ihren Träumen entsprechen, aber es wird ein erfülltes, reiches Leben sein und es kann ein sehr freudvolles Leben werden.

Väter und Töchter

Ein Sachverhalt, der mich während meiner Arbeit immer wieder in Erstaunen versetzt hat, ist die ungeheure Rolle, die Väter für die Entwicklung des Selbstwertgefühls von Töchtern spielen. Väter sollten niemals abwertende Bemerkungen über das Aussehen ihrer Tochter machen, nicht mal im Spaß. Manche Väter lassen sich dazu hinreißen, weil sie glauben, ihre Tochter damit auf die »richtige Spur« zu setzen und durch Kritik zu einer Verbesserung ihres äußeren Erscheinungsbildes beizutragen. Sie erreichen damit aber für gewöhnlich das genaue Gegenteil.

Dabei können Väter viel Gutes tun. Sie können loben, mit ihren Töchtern scherzen und lachen und Konversationsvermögen und Schlagfertigkeit schulen. Vergessen Sie aber nicht, daß Mädchen sich verändern und verschiedene Phasen durchlaufen. Dinge, die einst Stoff für einen guten Witz abgaben, können plötzlich hochsensible Bereiche sein, die man besser nicht berührt.

Über ihren Vater übt ein Mädchen den Umgang mit dem anderen Geschlecht. Indem er ernsthafte Unterhaltungen mit seiner Tochter führt und sie gleichermaßen für ihr Aussehen wie für ihren Geist schätzt, lehrt er seine Tochter, dem

Nähe ohne Risiken

Väter müssen ihren Töchtern gegenüber nicht steif, distanziert und verklemmt sein – bloß weil sie Angst haben, daß körperliche Kontakte als sexuelle Nachstellungen verstanden werden könnten. Die Unterschiede zwischen liebevollen und sexuell motivierten Berührungen sind deutlich genug ausgeprägt, um keine Mißverständnisse aufkommen zu lassen.

Eine gute Ehe, in der sich Mann und Frau respektvoll begegnen, ist der Entwicklung Ihrer Tochter sehr förderlich. Wenn eine Tochter weiß, daß ihre Eltern sich nahestehen und die emotionalen und sexuellen Bedürfnisse ihres Vaters befriedigt werden, dann wird sie sich in seiner Gegenwart sicherer fühlen. Seien Sie aus diesem Grund immer sehr zurückhaltend, sich gegen Ihre Partnerin auf die Seite der Tochter zu stellen. Wenn Sie ein Problem mit Ihrer Partnerin haben, so machen Sie das unter vier Augen aus.

Respekt ist ein wesentliches Element in den Beziehungen der Geschlechter, und als Vater können Sie ihn formen. Wenn Sie Ihre Tochter (und deren Mutter) respektieren, dann wird sie darauf bestehen, daß andere Männer ebenso handeln. Wenn Sie sie herabsetzend behandeln, dann wird sie dies für normal halten und es auch anderen Männern gestatten. Respektvolles Handeln bewegt sich im Rahmen allgemeiner Höflichkeit. Indem Sie anklopfen, bevor Sie das Zimmer Ihrer Tochter betreten, können Sie zeigen, daß Sie ihr aufkommendes Bedürfnis nach Privatsphäre respektieren.

anderen Geschlecht mit entsprechendem Geschick und mit dem ganzen Schatz ihrer Fähigkeiten zu begegnen. Männliche Gesellschaft wird sie niemals verunsichern oder einschüchtern können, und später wird sie in der Lage sein, ihren Partner selbst zu wählen und nicht passiv wie ein Mauerblümchen auf einen Mann zu warten.

Mädchen zur Selbständigkeit führen

Ein Vater kann viel zur Entwicklung der Selbständigkeit seiner Tochter beitragen: Er kann ihr beibringen, wie man Autos und andere Dinge repariert, wie man schreinert, wie man mit Geld umgeht, wie man sich in der Wildnis verhält oder wie man ein Zelt aufschlägt. So kann er sicher sein, daß sie im echten Leben besser zurechtkommen und unabhängiger sein wird.

In einem unlängst erschienenen Artikel äußert sich die Komikerin Jean Kitson spöttisch darüber, daß sie in einem Städtchen aufwuchs, in dem »die Jungen Autos und die Mädchen einen Freund hatten«. Sie entschied sich für ein Auto statt für den Freund, und mit der Hilfe ihres Vaters gelang es ihr, weiterzukommen. Sie machte eine große Karriere und wurde nicht zum Schmuckstück eines anderen.

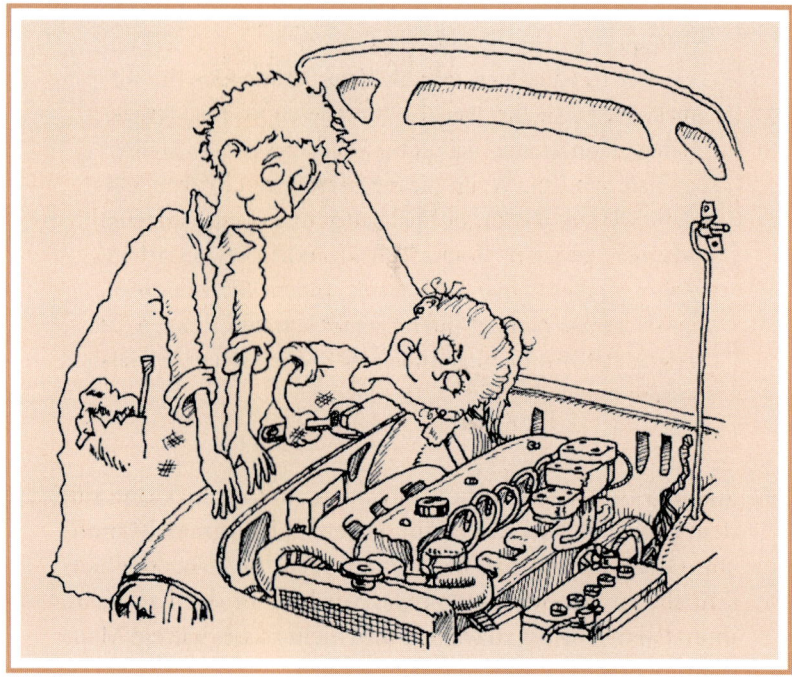

Die Befreiung der Familie

Ein neues Bild der Familie

Kapitel 8

Am Ende eines Buches, das sich mit vielen einzelnen Aspekten zum Thema Familie befaßt hat, möchte ich Ihnen meine Vorstellungen von einer neuen Welt darlegen, Vorstellungen, die nicht nur das Leben in den eigenen vier Wänden miteinbeziehen, sondern auch die Vision einer anderen, besseren Gesellschaft. Etwas Neues beginnt, sich in der Welt der Familien zu rühren, etwas, das uns vielleicht in die Lage versetzt, die Welt, in der wir leben, zu verändern. Wir können damit in unserer nächsten Umgebung, unserer Nachbarschaft oder unserer Gemeinde anfangen.

Zeit für einen Wandel

Eltern haben noch nie über großen politischen Einfluß verfügt – vielleicht sind wir einfach zu sehr mit kleinen Kindern beschäftigt, um die nötige Energie dafür aufzubringen. Die meisten schaffen es gerade eben, zur Stimmabgabe alle vier Jahre ins Wahllokal zu gehen. Aber die Zeiten ändern sich, und zwar rasant.

Grund genug, um zornig zu sein

Was haben wir nun davon, daß wir die Gestaltung unserer Welt Politikern und Technokraten überlassen haben?

Unsere Welt ist so vergiftet, daß wir genetische Mißbildungen in Kauf nehmen und uns mit steigenden Raten von Fehlgeburten und Unfruchtbarkeit abfinden müssen. Asthma z. B., ein Leiden, das eng mit der Luftqualität zusammenhängt, tritt bei zwei von fünf australischen Kindern auf. Ähnlich verhält es sich mit Allergien und anderen Reaktionen auf unsere von Chemie geprägte Umwelt. Selbst der Sonnenschein ist zur Gefahrenquelle geworden.

Unsere Welt ist grausam, mit all ihren Ungerechtigkeiten, den zerrütteten Familien und den Medien, die Gewalt als Lebensform propagieren.

Unsere Wirtschaft ist unfähig, Männern und Jugendlichen sinnvolle Arbeit zu geben, während junge Mütter immer gefragt sind, solange sie jede Art von Arbeit verrichten und sich nicht über niedrige Bezahlung beschweren.

Von der Politik – der Führung unseres Landes also – verlangen wir, daß sie uns Wege zur Besserung aufzeigt.

Die politischen Dinosaurier – sowohl im linken wie im rechten Lager – haben sich in ihren Positionen so weit angenähert, daß es dem durchschnittlichen Bürger nicht mehr möglich ist, die Parteien deutlich voneinander zu unterscheiden.

Die äußeren Bereiche des politischen Spektrums sind zu einer langweiligen Mitte verschmolzen, die ausschließlich nach ökonomischen Erfordernissen handelt und die Werte der Yuppies und den Dollar zur Leitlinie ihrer Handlungen erhoben hat.

Eine Allianz zum Positiven

Wenn es nur noch die Wahl zwischen der einen und der anderen frustrierenden Möglichkeit gibt, erhellt meist eine ganz neue Idee den Horizont. In diesem Falle vereint sie Kräfte aus beiden Lagern; eine neue Allianz aus alternativ lebenden High-Tech-Priestern, sanften Grünen und familienorientierten, christlichen Traditionalisten ist im Entstehen begriffen.

In diesen neuen Gruppierungen werden die alten Stereotypen auf wunderbare Art und Weise durchbrochen. So treffe ich auf Vortragsreisen auf der gleichen Versammlung verantwortungsbewußte und hart arbeitende »Hippies« in trauter Einmütigkeit mit rechtschaffenen Kirchgängern, die alle ihre Kinder auf dem Arm halten, gegen Gewalt in der Erziehung eintreten, für Amnesty International arbeiten und Großkonzerne boykottieren.

Der Weg in die Zukunft

Ich bin überzeugt, daß immer mehr Eltern für eine heiterere, gelassenere, freiere und glücklichere Welt eintreten werden, in der jeder am anderen mehr Anteil nimmt.

In der Tat bin ich mir sicher, daß sich ein neue gesellschaftliche Kraft formiert – die der Eltern. Sie steht in enger Beziehung zur grünen Bewegung, weil Eltern und Kinder naturgemäß Umweltschützer sein müssen. Sie vereint Feminismus und Männerbewegung, weil Eltern sich eine gute Zukunft für Mädchen und Jungen wünschen, und sie wird auch für ein besseres Miteinander der Geschlechter eintreten. Sie wird das 21. Jahrhundert entscheidend prägen.

So will ich nun am Ende dieses Buches folgendes Manifest für die neue Allianz vorschlagen:

Grundthesen und Leitlinien zur Befreiung der Familie

✖ Nichts ist bedeutender, als gesunde und glückliche Kinder heranzuziehen.

✖ Niemand kann oder sollte Kinder alleine großziehen. Wir brauchen alle die Hilfe anderer.

✖ Vor allem ist es notwendig, daß unsere Gesellschaft die Bedürfnisse von Eltern ernstnimmt und sie unterstützt, als Gegenleistung für die gesunden und aktiven Erwachsenen, die wir ihr schenken.

✖ Die sicherste Methode, Kinder zu schützen, ist die, sich mehr um die Eltern zu kümmern.

✖ Der beste Weg, unsere verplanten Kinder aus Terminzwängen zu befreien, ist, uns selbst von diesen Zwängen freizumachen.

✖ Eltern sind es ihren Kindern schuldig, nicht in ihrer Gegenwart zu rauchen, sich und die Kinder immer anzuschnallen und sie vor Mißbrauch zu schützen. Kinder sind kein Eigentum, das man vernachlässigen kann, wie man will.

✖ Es ist unsere Aufgabe, unseren Kindern eine möglichst lange Kindheit zu sichern.

✖ Es ist unsere Aufgabe, für mehr positive Kontakte zwischen Kindern und Erwachsenen zu sorgen. Das bedeutet, auf Schläge zu verzichten und sexuellen Mißbrauch zu bekämpfen, es bedeutet auch, neue Wege aufzuzeigen, wie Eltern besser mit ihren Kindern kommunizieren können.

✗ Wir müssen aktive Mentoren für junge Leute werden, jungen Eltern helfen, uns um die Kinder anderer Leute kümmern und die Bürde der Kindererziehung von den Schultern der Kleinstfamilie nehmen. Etwas, das uns schon lange fehlt, ist echte Gemeinschaft.

✗ Wir müssen familienfreundliche Arbeitsplätze schaffen. Sie müssen durch eine Gesetzgebung abgesichert sein, die es Vätern und Müttern gestattet, ihre Arbeit den Bedürfnissen der Familie entsprechend zu gestalten, und die sie nicht zu einer endgültigen Entscheidung zwischen Familie und Karriere zwingt.

✗ Das Konzept Familie muß erweitert werden und jedermann mit einbeziehen: Singles, Schwule, Kinderlose, Geschiedene, Ältere, Kriminelle, Flüchtlinge, Geschäftsleute, Obdachlose und heimatlose Teenager.

Wir müssen unsere Arme öffnen und sagen: »Willkommen zu Hause!«

Register

Jungen! Wie sie
glücklich
heranwachsen
Eine völlig neu Sicht
unserer Jungen

3. Auflage
November 1998
Gesamtauflage
55.000 Expl.

Mit diesem Ratgeber legt Australiens bekanntester Familientherapeut Steve
Biddulph, dessen Bücher in zehn Sprachen und in Millionenauflage erschienen
sind, ein gedanklich provozierendes, erfahrungsreiches und praktisch
orientiertes Buch zur Erziehung von Jungen vor.

Alle Eltern, die einen Sohn haben, sind um sein Wohlergehen besorgt. Doch
überall, wo man hinsieht, geraten Jungen in Schwierigkeiten – in der Schule, auf
der Straße, im Elternhaus, in ihrem Verhältnis zu Mädchen. Eltern fragen sich,
was ihre Söhne beschäftigt und wie sie ihnen helfen können, die Klippen des
Heranwachsens zu umschiffen.

In *Jungen! Wie sie glücklich heranwachsen* schildert Steve Biddulph die
wichtigsten Entwicklungsstadien der Jungen. Durch seine lebensnahe, klare
und frische Darstellungsweise gelingt es ihm, ein völlig neues Bild unserer
Jungen zu zeichnen. Und Lösungen anzubieten, wie Erziehende den Jungen
helfen können, Wege aus Problembereichen wie Lernschwierigkeit, Verhaltens-
auffälligkeit, aber auch Drogen und Gewalt zu finden.

240 S., 45 farbige Ill., 40 Fotos, DM 24,80, sFr 23,–, öS 181,–, ISBN 3-89530-019-5

Männer auf der Suche
Das Buch, das eine Generation von Männern verändern wird

3. Auflage
November 1998
Gesamtauflage
15.000 Expl.

Männer auf der Suche beruht auf einer anschaulichen These: Die industrielle Revolution hat die Männer ihrer Väter beraubt, mit dramatischen Folgen für ihr Seelenleben und die innere Reifung. Anders als über Jahrtausende zuvor wachsen Jungen seit sieben Generationen ohne Mentoren, Initiationsriten und väterliche Führung auf – weil Männer aus Sozialleben und Erziehung weitgehend ausgeschieden sind.

NDR 2, Magazin Buchtip:
»... ist es so spannend zu lesen wie ein Roman – selbst wenn Sachen drinstehen, die Mann vielleicht erst einmal nicht so gerne hört ... Und wer einen Sohn hat, dem sei das Buch doppelt warm an das Herz gelegt.«

288 S., geb., 15,5 x 21,5 cm, DM 36,– sFr 33,– öS 263,–, ISBN 3-89530-023-3

RATGEBER

Steve Biddulphs
aktueller Longseller:
*Das Geheimnis
glücklicher Kinder*

10. Auflage
November 1998
Gesamtauflage
über 250.000 Expl.

Dieser in seiner Art einmalige Elternratgeber stellt psychologische Sachverhalte so klar und verständlich dar wie nie zuvor. Eltern erhalten tatsächlich praktische Handlungsanleitungen, wie sie mit ihrem Nachwuchs wieder fröhlicher, konfliktfreier und entspannter umgehen können. Sie erfahren, was wirklich in den Köpfen der Kinder vor sich geht – und wie man am besten darauf reagiert.

Süddeutscher Rundfunk
»Der beste Erziehungsratgeber seit langem. Ein wunderbares Buch für ›Praktiker‹, dem es gelingt, mit ›Aha‹-Erlebnissen bei der Lektüre wirklich weiterzuhelfen.«

Saarländischer Rundfunk
»Wenn Sie dieses Buch mit seinen gut strukturierten Kapiteln lesen, werden Sie buchstäblich die stützende Hand auf Ihrer Schulter spüren.«

200 S., 77 farbige Ill., Pb. 15 x 23 cm, DM/sFr 24,80, öS 181,- , ISBN 3-89530-000-4